Cómo testificar a sus amigos musulmanes

Cómo testificar a sus amigos musulmanes

Samuel Shahid

Traducido por
Marta María López Solier

CASA BAUTISTA DE PUBLICACIONES

CASA BAUTISTA DE PUBLICACIONES
Apartado Postal 4255, El Paso, TX 79914 EE. UU. de A.

Agencias de Distribución

ARGENTINA: Rivadavia 3474, 1203 Buenos Aires. **BOLIVIA**: Casilla 2516, Santa Cruz. **COLOMBIA**: Apartado Aéreo 55294, Bogotá 2, D.C. **COSTA RICA**: Apartado 285, San Pedro Montes de Oca, San José. **CHILE**: Casilla 1253, Santiago. **ECUADOR**: Casilla 3236, Guayaquil. **EL SALVADOR**: Apartado 2506, San Salvador. **ESPAÑA**: Padre Méndez #142-B, 46900 Torrente, Valencia. **ESTADOS UNIDOS**: 7000 Alabama, El Paso, TX 79904, Tel.: (915)566-9656, Fax: (915)565-9008; 960 Chelsea Street, El Paso TX 79903, Tel.: (915)778-9191; 3725 Montana, El Paso, TX 79903, Tel.: (915)565-6234, Fax: (915)726-8432; 312 N. Azusa Ave., Azusa, CA 91702, Tel.: 1-800-321-6633, Fax: (818)334-5842; 1360 N.W. 88th Ave., Miami, FL 33172, Tel.: (305)592-6136, Fax: (305)592-0087; 8385 N.W. 56th Street, Miami, FL 33166, Tel.: (305)592-2219, Fax: (305)592-3004. **GUATEMALA**: Apartado 1135, Guatemala 01901. **HONDURAS**: Apartado 279, Tegucigalpa. **MEXICO**: Vizcaínas Ote. 16, Col. Centro, 06080 México, D.F.; Apartado 113-182, 03300 México, D.F.; Madero 62, Col. Centro, 06000 México, D.F.; Independencia 36-B, Col. Centro, 06050 México, D.F.; Matamoros 344 Pte., 27000 Torreón, Coahuila; Hidalgo 713, 44290 Guadalajara, Jalisco; Félix U. Gómez 302 Nte., Monterrey, N. L. **NICARAGUA**: Apartado 2340, Managua. **PANAMA**: Apartado E Balboa, Ancon. **PARAGUAY**: Casilla 1415, Asunción. **PERU**: Apartado 3177, Lima. **PUERTO RICO**: Calle 13 S.O. #824, Capparra Terrace; Calle San Alejandro 1825, Urb. San Ignacio, Río Piedras. **REPUBLICA DOMINICANA**: Apartado 880, Santo Domingo. **URUGUAY**: Casilla 14052, Montevideo 11700. **VENEZUELA**: Apartado 3653, El Trigal 2002 A, Valencia, Edo. Carabobo.

© Copyright 1997 Casa Bautista de Publicaciones
7000 Alabama St.,
El Paso, Texas 79904.

Todos los derechos reservados. No se podrá reproducir o transmitir todo o parte de este libro en ninguna forma o medio sin el permiso escrito de los publicadores, con la excepción de porciones breves en revistas y/o periódicos.

Primera edición: 1997

Clasificación Decimal Dewey: 297
Temas: 1. Musulmanes, obra de evangelización
2. Obra de evangelización

ISBN: 0-311-13864-0
CBP: 13864

3 M 10 97
Printed in U.S.A.

Contenido

Reconocimiento   9
Cómo testificar a sus amigos musulmanes   11
Introducción   13
Preparémonos para compartir nuestra fe (Parte I)   19
   Objetivo: Preparar a los participantes en el curso para compartir su fe dando atención a las oportunidades, desafíos y actitudes que se relacionan con esta tarea.
   Estudio bíblico: Jesús y la mujer samaritana; Jesús y Nicodemo
      Métodos empleados por Jesús
      Grados de comprensión
      Conclusión
   Actividades de grupo
      Examen de actitudes
      Sugerencias prácticas
   Instrucciones prácticas
      Nuestras oportunidades
      Información
      Aprendizaje
      Terminología
   Vistazo a la siguiente sesión

Preparémonos para compartir nuestra fe (Parte 2)   31
   Objetivo: Preparar a los participantes del curso para compartir su fe mediante el estudio de las Escrituras sobre la salvación, los niveles de comunicación y los grados de comprensión del evangelio.
   Estudio bíblico: Jesús y Nicodemo (primera parte)
      Enseñanzas de Jesús en cuanto a la salvación
      Niveles de comunicación
      El diálogo

Actividades de grupo
   Niveles de comunicación
   Grados de comprensión
   Aplicación
Instrucciones prácticas
   El concepto de los musulmanes en cuanto a la salvación
   El concepto de los cristianos en cuanto a la salvación
Vistazo a la siguiente sesión

Compartamos nuestra fe (Parte 1)
Objetivo: Demostrar cómo los participantes en el curso pueden compartir su fe dando sus testimonios, y aprender a hacer una presentación del evangelio.
Estudio bíblico: Jesús y Nicodemo (segunda parte)
   Descubrimiento
   Deliberación
   Decisión
   Disonancia
   Discipulado
   Conclusión
Actividades de grupo
   Preparar un testimonio
   Sugerencias prácticas
Instrucciones prácticas
   Directrices
   Crear confianza en la Biblia
   Presentación del evangelio
Vistazo a la siguiente sesión

Compartamos nuestra fe (Parte 2)   57
   Objetivo: Equipar a los participantes en el curso para compartir su fe practicando la presentación del evangelio y aprendiendo cómo responder a preguntas sinceras.
   Estudio bíblico: ¿Cómo trató Jesús las preguntas sinceras?
      ¿Cómo contestó Jesús las preguntas de la mujer samaritana?
      ¿Cómo contestó Jesús las preguntas de Nicodemo?
   Actividad de grupo
   Instrucciones prácticas
      ¿Cómo se puede probar que la Biblia no está corrompida?
      ¿Cómo se puede probar la naturaleza caída del hombre?
      ¿Cómo se puede probar que Jesús era el Hijo de Dios?
      Si Jesús es Dios, ¿cómo pudo él morir en la cruz?
      ¿Qué prueba tienen los cristianos de que Jesús fue realmente crucificado?
      ¿Por qué dice que a menos que uno crea en Jesús como Salvador personal no puede ser salvo?
   Conclusión
Vistazo a la siguiente sesión

Estudio bíblico continuo: 67
El discipulado de los nuevos creyentes
Objetivo: Equipar a los participantes en el curso con las herramientas y habilidades para involucrar a los posibles candidatos en el estudio bíblico continuo.
Estudio bíblico: El peregrinaje de Pablo como nuevo creyente
   Pablo fue una persona muy devota
   Pablo tuvo un encuentro con Jesús
   Pablo comienza su discipulado
   Conclusión

Actividades de grupo
  Instrucciones prácticas
    Estrategias
    ¿Cómo podemos comenzar a discipular a este nuevo creyente?
    Algunas preguntas sugeridas para los capítulos de los tres primeros libros

Resumen de las creencias islámicas   83
Glosario   91

Las citas bíblicas han sido tomadas de la *Versión Reina Valera Actualizada*, Editorial Mundo Hispano, © 1982.

Las citas del Corán han sido tomadas de la traducción al español realizada por el doctor Juan Vernet, de la Universidad de Barcelona, edición 1953 por José Janés.

Reconocimiento

Este es un manual del maestro el cual enfatiza no sólo las diferencias doctrinales básicas entre el cristianismo y el Islam, sino también los métodos y las estrategias. Las directrices sobre las cuales basamos nuestro estudio se derivan de los métodos practicados por el Maestro de maestros, el Señor Jesucristo. Por esto dedicamos la mayor parte de este manual al estudio de los dos modelos ideales ejemplificados en dos historias: la de Nicodemo y la de la mujer samaritana.

En el primer manual de esta serie *Cómo testificar a sus amigos católicos*, el doctor Daniel Sánchez hábilmente estableció el formato general para los manuales siguientes. Reconozco mi deuda y profundo agradecimiento al doctor Sánchez quien gustosamente me otorgó el permiso para aplicar, en general, el formato que él utilizó en su manual del maestro, así como algunas de las ideas que incluyó en su discusión.

Espero que este estudio sea de gran beneficio para todos aquellos que están interesados y sienten el divino llamado de alcanzar a los musulmanes por quienes Jesús murió para redimirles de la condenación eterna.

Cómo testificar a sus amigos musulmanes

El título de este curso indudablemente origina algunas interrogantes importantes: ¿Por qué debemos compartir nuestra fe con nuestros amigos musulmanes? ¿Serán receptivos al mensaje del evangelio? ¿Cómo podemos alcanzar a estas personas fanáticas? ¿Son todos realmente fanáticos? ¿Cuánto conocemos acerca de los musulmanes? ¿Qué es el Islam, en primer lugar? Estas preguntas y muchas más son cuestiones legítimas y esenciales al desarrollar una estrategia bíblica sincera para testificar a nuestros amigos musulmanes.

La suposición fundamental del curso es que necesitamos compartir nuestra fe con todos, aun los musulmanes, porque Jesús murió para salvarlos también de la condenación eterna. Existen más de mil millones de musulmanes en todo el mundo actualmente. De seis a nueve millones residen en los Estados Unidos por una razón u otra. Ellos provienen de más de 60 países islámicos, o países con grandes comunidades de musulmanes. Nos gustaría verles experimentar el nuevo nacimiento (véase Juan 3:3) y convertirse en seguidores de Cristo (véase Mateo 28:19, 20).

Otros cursos tratan de entrenar cristianos evangélicos para compartir su fe con grupos de otras formaciones religiosas. El propósito de este curso es preparar cristianos para alcanzar a los musulmanes quienes por más de mil trescientos años nunca han experimentado el amor de Dios como fue manifestado en la cruz, y no han tenido una relación viva y personal con él.

Este curso está también adaptado para orientar sobre las cuestiones mencionadas anteriormente. Por tanto, repasaremos brevemente las principales doctrinas del

Islam, los factores culturales pertinentes, y los problemas históricos relevantes que nos permitirán testificar a nuestros amigos musulmanes en una manera informada y apropiada. El curso consiste en estudios bíblicos, actividades en grupo e instrucciones prácticas. El objetivo será no sólo impartir información, sino también equipar a los cristianos evangélicos para compartir su fe.

El curso está dividido en una introducción y cinco sesiones:

Introducción
Sesión uno: Preparémonos para compartir nuestra fe (Parte 1).
Sesión dos: Preparémonos para compartir nuestra fe (Parte 2).
Sesión tres: Compartamos nuestra fe (Parte 1).
Sesión cuatro: Compartamos nuestra fe (Parte 2).
Sesión cinco: Estudio bíblico continuo: El discipulado de los nuevos creyentes.

Introducción

A diferencia de otras denominaciones cristianas no evangélicas (tales como el catolicismo, la iglesia cóptica, la iglesia ortodoxa antigua, etc. ...que comparten unas con otras un fundamento común de creencias) el Islam rechaza los principios básicos del cristianismo.

Un breve estudio puede ayudarnos a comprender algunos aspectos de estas diferencias fundamentales.

La naturaleza caída del hombre: los musulmanes no creen en la naturaleza caída del hombre. Según ellos, el hombre nace inocente y debido a su debilidad desobedece a Dios. Cuando se arrepiente como lo hicieron Adán y Eva, Dios acepta su arrepentimiento. Todo lo que necesitamos, como seres humanos, son maestros y profetas que nos guíen en el camino recto.

La paternidad de Dios: los musulmanes rechazan por completo el concepto de la paternidad de Dios. Es una blasfemia atribuir la paternidad a Dios. El es un creador y nosotros somos sus siervos. No hay una relación personal entre el hombre y Dios.

La encarnación y divinidad de Jesús: Jesús es sólo un profeta al igual que el resto de los profetas. Es cierto que él nació sin un padre, pero la creación de Adán, según ellos, es más milagrosa que el nacimiento de Jesús, porque Adán fue creado sin un padre ni una madre. Por eso, Jesús es sólo un profeta, no un Dios encarnado.

La Trinidad: los musulmanes creen firmemente en la unicidad de Dios. Por eso rechazan plenamente el concepto de la Trinidad. Para los cristianos Jesús es divino porque él es el Logos y nació del Espíritu Santo. Como el Logos, él era con Dios desde la eternidad. Los musulmanes acusan a los cristianos de creer en tres Dioses, el Padre, el Hijo y el Espíritu Santo. En el Islam, el Espíritu Santo es el arcángel Gabriel. Por lo que en el análisis final, a la vista de los musulmanes, los cristianos son politeístas. Por lo tanto son infieles, aunque son llamados en el Corán "el Pueblo del Libro".

La crucifixión: los musulmanes no creen en la crucifixión. Sólo hay un versículo en el Corán que niega la crucifixión. Ellos afirman que es cierto que una crucifixión tuvo lugar, pero el que fue crucificado no fue Jesucristo sino alguien que se le parecía, aquel que le traicionó. Como Jesús no fue crucificado, eso significa que él no murió y de ahí derivan que no hubo ni crucifixión ni resurrección. Todo el concepto de redención o expiación es concluyentemente rechazado.

La Biblia: El Corán testifica de la veracidad de la Biblia. En muchos casos se remite a Mahoma y sus seguidores a las Escrituras. El problema es que los musulmanes declaran que el Corán se refiere en su contexto a la Biblia original antes de que fuera distorsionada por los cristianos y los judíos. En su opinión los cristianos y judíos pervirtieron la Biblia y por esto hay muchas contradicciones entre la Biblia y el Corán. Originalmente no había contradicción porque la fuente de los dos libros es una: Dios. Las contradicciones resultaron de la perversión.

La inspiración: El concepto de inspiración en el Islam excluye cualquier elemento humano. Ellos afirman que el Corán fue revelado por Dios a Mahoma a través del arcángel Gabriel. El lenguaje, el estilo, y el contenido son de Dios. Mahoma fue sólo el instrumento humano mediante el cual la revelación fue manifestada en palabras. Como el

Corán tiene el estilo, la dicción y el contenido de parte de Dios, los musulmanes alegan que ningún ser humano puede imitar el Corán de ninguna manera.

El concepto cristiano de inspiración, a diferencia del Islam, incluye algunos aspectos de los elementos humanos. Es reconocido que la Biblia es la Palabra de Dios. Los cristianos no niegan que Dios usó elementos humanos tales como el estilo del profeta, las frases idiomáticas, proverbios y costumbres del tiempo, para expresar lo que Dios ha intentado transmitir al pueblo.

La salvación: La salvación en el Islam está basada en la creencia en Dios, los ángeles, la escritura, los profetas de Dios y sus mensajeros, y el día del juicio. Además de la fe, las buenas obras son un elemento muy necesario para la salvación. Pero las buenas obras en el Islam comprenden un acto de expiación para obtener el favor de Dios. Como cristianos somos salvados mediante la sangre de Cristo y nuestras buenas obras son los frutos naturales de ser nuevas criaturas. En el Islam la salvación depende de la misericordia de Dios. No hay seguridad de salvación en el Islam como nosotros la entendemos en el cristianismo.

Todos los aspectos anteriores se encuentran entre las doctrinas básicas sobre las cuales ambas religiones están en desacuerdo.

Por lo tanto, ¿en qué creen los musulmanes? ¿cuáles son los cinco pilares del Islam?

En resumen creen en un Dios que creó todo el universo, en todos los profetas de la Biblia y ciertamente Mahoma como el último profeta, en la Biblia original como ellos afirman, en el cielo y en el infierno, en el día del juicio, en la resurrección de los muertos, en el nacimiento virginal de Cristo, en la condición de profeta de Jesús y en su segunda venida. Creen también que existen ángeles y demonios. Tomando todos estos credos como valor nominal los cristianos y musulmanes parecen tener mucho en común, pero una vez que se nos presentan sus interpretaciones de estas creencias inmediatamente nos damos cuenta de que su comprensión de estos credos es totalmente diferente a la nuestra.

Los cinco pilares del Islam

1. La confesión de fe: Es un deber de cada musulmán pronunciar la confesión de fe: "No hay más Dios que Alá y Mahoma es su profeta." En el Islam asociar cualquier dios con Dios es el pecado imperdonable.

2. Las oraciones: Todos los musulmanes tienen que orar cinco veces al día además de la oración congregacional del viernes. Hay un tiempo establecido para estas oraciones. Este ritual demanda una disciplina estricta, algo que los cristianos deberían aprender. Los musulmanes en todo el mundo se unen en oración durante estos cinco tiempos oficiales de oración. Todas las oraciones deben ser pronunciadas en lengua arábiga. Los musulmanes que no hablan el árabe tiene que aprender estas oraciones en arábigo.

3. El ayuno: A cada verdadero musulmán se le exige ayunar el mes de Ramadán. Este es un mes lunar. Ellos ayunan desde la salida hasta la puesta del sol. Durante este período no se les permite beber o comer, o fumar o tener relaciones sexuales en el matrimonio. Este es un tiempo de meditación, introspección espiritual e identificación personal con el hambriento. Muchas familias musulmanas ricas proveen alimentos para los caminantes, los pobres y los extranjeros.

4. La peregrinación: Es el deber de cada musulmán apto hacer el viaje a la Meca, el Santuario más sagrado para el musulmán. Allí tienen que llevar a cabo ciertos rituales religiosos los cuales son mayormente tomados del período preislámico. Más de dos millones de musulmanes asisten a este evento y participan en la oración, la ofrenda de un sacrificio animal, y la celebración de 'I'ds' (los festivales).

5. Las limosnas: A los musulmanes se les pide dar dos y medio por ciento de su ingreso anual para el bienestar de la comunidad. Esta es su contribución para obras benéficas y para satisfacer las necesidades religiosas y sociales de la sociedad. Este deber era obligatorio para cada musulmán masculino que tuviera posibilidades. Actualmente, en la mayoría de los países islámicos el sistema tributario moderno reemplazó al dos y medio por ciento, aunque se promueve éste para caridad.

En conclusión, es relevante aquí indicar que los musulmanes pertenecen a una de las dos sectas principales: Los sunnas y los chiítas. Existen diferencias fundamentales entre las dos sectas, y no abrigan un gran amor una por otra. Por lo tanto, cuando tratamos de alcanzar a los musulmanes tenemos que indagar sobre su afiliación sectaria. Eso nos ayudará a determinar qué estrategia debemos utilizar para acercarnos a ellos y testificarles. Lo mismo pudiera decirse sobre la comunidad musulmana africoamericana. Ellos pertenecen a diferentes grupos que pudieran no compartir aun una base común unos con otros.

PRIMERA SESION

Preparémonos para compartir nuestra fe (Parte 1)

Objetivo
Preparar a los participantes en el curso para compartir su fe dando atención a las oportunidades, desafíos y actitudes que se relacionan con la tarea.

Estudio Bíblico
Jesús y la mujer samaritana (Juan 4)
Jesús y Nicodemo (Juan 3:1-21)

I. Métodos empleados por Jesús

Introducción

Los dos diálogos que Jesús sostuvo con ambos, la mujer samaritana y Nicodemo, tienen lecciones valiosas como modelos para que los cristianos los usen al compartir el evangelio con los musulmanes, especialmente con aquellos que expresan su interés por explorar la fe cristiana y la relación con Dios. En los dos diálogos descubrimos que el Señor Jesús empleó dos estrategias diferentes:

• Con la mujer samaritana, Jesús no condujo un diálogo teológico. Ella era una mujer ordinaria con una comprensión limitada de los asuntos espirituales y legales. Su formación educativa fue, indudablemente, un factor decisivo al escoger el método correcto. En este respecto, no todos los musulmanes son personas educadas o aun bien versadas en su propia fe. De modo que tenemos que iniciar un diálogo relevante a sus niveles educativos e intelectuales. Además, un gran número de musulmanes pertenecen al Islam folclórico. Su visión del mundo está confinada a su existencia diaria o a su mundo empírico.

* Nicodemo (Juan 3:1-21), un fariseo y principal de los judíos, parecía ser un hombre formal quien fue "atraído por el carácter y enseñanza de Jesús". Como un miembro del Sanedrín que conocía bien los asuntos religiosos, Jesús sostuvo con él un diálogo teológico. Nicodemo no comprendió en ese momento las metáforas espirituales usadas por Jesús, pero eso no le impidió convertirse en un seguidor secreto de él (Juan 7:50-52; y Juan 19:39). Es obvio que Jesús intentó revelarle a Nicodemo que para comprender las cosas espirituales, tenía que liberarse de la rigidez de la ley. En muchas formas, el legalismo judaico es similar al legalismo islámico: Rígido, inflexible y algo ceremonial.

A. *Cultivó la amistad:*
1. Con la mujer samaritana, saliendo de su camino *geográficamente.* Con Nicodemo por su disposición de encontrarse con él al amparo de la noche. Juan 4:4 expresa que a Jesús "le era necesario pasar por Samaria".

Generalmente los judíos acostumbraban evitar el paso por Samaria en su camino a Galilea. Este esfuerzo realizado por Jesús da testimonio de su compromiso con su misión y su interés en el hombre.

En el caso de Nicodemo, Jesús no acostumbraba encontrarse con la gente secretamente. Ciertamente, Jesús tenía sus momentos de aislamiento con sus discípulos, pero raramente leemos en la Biblia que él se encontraba con personas secretamente. Para presentarle a Nicodemo la plena verdad del evangelio, Jesús salió de su camino para encontrar a este fariseo inquisitivo. El compromiso de Jesús de establecer una amistad fue fructífero.

2. Saliendo de su camino *socialmente* con la mujer samaritana y sometiéndose a estar bajo sospechas cuando se encontró secretamente con Nicodemo. Evidentemente la mujer samaritana se sorprendió de que un rabí judío hablara con una mujer en público, especialmente si esa mujer era de Samaria. Juan 4:9 señala que el contacto social entre las dos comunidades no era aceptable. De hecho, la relación entre las dos comunidades estaba basada en la hostilidad y el odio (véase Nehemías 4; Esdras 4). A pesar de eso Jesús, como judío, estaba dispuesto a violar socialmente la práctica tradicional para testificar a la mujer samaritana.

Jesús no temía ser visto con Nicodemo, un fariseo, aun en tales circunstancias cuestionables. Más de una vez, Jesús puso en evidencia la hipocresía de los fariseos lo cual los irritaba al punto de conspirar contra él. Ahora se estaba reuniendo secretamente con uno de sus líderes. ¿Estaba engañando al público? Cualquiera de estas preguntas pueden surgir en la mente de alguna persona que conozca sobre esta reunión secreta. Jesús estuvo dispuesto a correr el riesgo porque se había dado cuenta de que había un alma atormentada que buscaba descubrir la verdad.

3. *Aplicación*: Si vamos a tomar a Jesús como nuestro modelo al testificar a los musulmanes, tenemos que dar el primer paso en nuestra relación con ellos: Cultivar la amistad. Una amistad genuina llena de amor es la única forma de establecer una relación que elimine sospecha, temor y aislamiento.

B. Creó un interés
1. Evidentemente la mujer samaritana pertenecía a la llamada religión popular. Su mundo empírico estaba dominando su vida. Jesús tuvo la oportunidad de hablar con ella sobre un elemento esencial para sobrevivir: el agua. Esta mujer vino a sacar agua del pozo de Jacob (Juan 4:12). Cuando Jesús le pidió que le diera de beber, inmediatamente creó un interés porque ella no podía

entender cómo un judío le pedía de beber a una mujer samaritana. Pero pedir de beber fue un preludio para hablar sobre las cosas espirituales.

Aunque Nicodemo era un maestro de los judíos y pertenecía a la línea central del judaísmo, Jesús no vaciló al usar una metáfora de la vida física. Nicodemo admitió que Jesús no era una persona ordinaria: "has venido de Dios... porque nadie puede hacer estas señales que tú haces, a menos que Dios esté con él" (Juan 3:2). Jesús reconocía la necesidad espiritual de Nicodemo, pero para crear un interés le presentó un planteamiento confuso el cual este fariseo no pudo percibir mediante su preparación legalista.

2. El interés que Jesús creó en ambos casos fue intensificado cuando procedió a hablar sobre cosas espirituales. A la mujer samaritana Jesús le habló sobre el agua espiritual, un agua viva que cualquiera que beba de ella "nunca más tendrá sed". Esta era agua para vida eterna. Su alma estaba anhelando esa agua para experimentar un tipo de vida diferente. A Nicodemo Jesús le habló sobre el nacimiento espiritual, siendo una nueva creación: "lo que es nacido del espíritu, espíritu es". Un nuevo concepto que nunca se le había ocurrido al maestro de la Ley.

3. *Aplicación*: Crear el interés es esencial en cualquier diálogo. Jesús ha ejercido con maestría este arte. Al seguir sus pasos, frecuentemente podemos crear un interés en el evangelio. El establecer amistades nos ayuda a descubrir las necesidades percibidas. Al tratar de satisfacer estas necesidades estaremos revelando nuestras características cristianas. Los psicólogos nos dicen que algunas de las necesidades básicas de los seres humanos son: (1) Amar y ser amados, (2) sentirse seguros, (3) vencer un sentimiento de culpa y (4) tener seguridad sobre el futuro.

Al reflejar el amor de Cristo en nuestra vida y manifestarlo en nuestra amistad con los musulmanes, esto producirá interés, interrogantes e indagaciones. Entonces podremos compartir con ellos nuestro testimonio de cómo Jesús ha trasformado nuestras vidas.

C. Comprendió ambas situaciones

1. Jesús no condenó a ninguno de ellos. Cuando la mujer samaritana admitió que no tenía marido, Jesús la enfrentó con su triste historia. El descubrió la realidad de su vana vida y el vacío de su alma para instarla a buscar el agua viva. Ciertamente, desaprobó su estilo de vida, pero cuando procedió a alcanzarla estaba lleno de compasión y amabilidad.

Tampoco Jesús condenó a Nicodemo porque no entendía las cosas espirituales. Consideró la condición de Nicodemo, por eso continuó sus enseñanzas e ilustraciones.

2. *Aplicación*: Aunque existen diferencias fundamentales entre la fe cristiana y la fe islámica, tenemos que evitar la condenación. Ciertamente, no estamos de acuerdo con sus credos y puede ser que ni con su estilo de vida, pero no es nuestra misión, al testificarles, condenar eso. Nuestra tarea principal es compartir con ellos el amor de Cristo y su poder cambiador. No podemos esperar que actúen como cristianos nacidos de nuevo hasta que realmente lo sean.

Para comenzar tenemos que buscar los aspectos positivos de sus vidas y caracteres. Eso creará una actitud positiva.

D. Se concentró en lo que era esencial para la salvación

1. Jesús, en ambos casos, se abstuvo de discutir sobre religión. Jesús estaba concentrado en lo que era esencial para su problema espiritual. A la mujer samaritana le dijo: Tú necesitas el agua viva, la vida eterna. A Nicodemo le habló sobre ser una persona nacida de nuevo. El no discutió los credos samaritanos, ni la ley judaica, sino les presentó las Buenas Nuevas.

2. Jesús enfatizó las relaciones humanas. Lo que cuenta es la relación espiritual con Dios, no dónde Dios debe ser adorado (los Siones o los Gerizimes) ni la aplicación de la ley y los rituales judaicos. A la mujer samaritana le dijo: los verdaderos adoradores adorarán al Padre en espíritu y en verdad (v. 23). A Nicodemo, le reveló la relación espiritual entre el Padre y el hijo nacido de nuevo. Jesús estaba tratando de enfatizarles a ambos que la relación espiritual con Dios era el punto central.

3. *Aplicación*: Jesús nos mandó a predicar el evangelio a todas las naciones. El no demandó que debemos discutir o debatir. Si vamos a seguir su ejemplo, debemos centrarnos en las relaciones. Los argumentos y debates son algunas veces contraproducentes especialmente con los musulmanes. Nuestra pregunta debe ser: ¿Cuál es tu relación personal con Dios?

II. Grados de comprensión

  A. *Comunicó el mensaje pacientemente*
No fue fácil, al principio, para la mujer samaritana o para Nicodemo comprender lo que Jesús les estaba hablando. Su mentalidad estaba limitada a su propia experiencia, aunque en dos niveles diferentes. Jesús no fue impaciente. Trató de recorrer con ellos el camino del conocimiento paso a paso. A la mujer samaritana le tomó algún tiempo darse cuenta de que Jesús le estaba hablando sobre el agua viva, no el agua física. Su comprensión estaba en correspondencia con los términos que utilizó para referirse a él. Lo llamó primero "judío" (v. 9) luego "Señor" (v. 11) lo cual indicaba algún respeto, después "profeta" (v. 19), finalmente se refirió a él como "Cristo" (v. 29).
  A Nicodemo Jesús le habló en un nivel más teológico, pero comenzó con los fenómenos básicos del nacimiento. Nicodemo no pudo al principio comprender la relación, pero Jesús pacientemente le comunicó las verdades espiri-

tuales en respuesta a sus preguntas. Aunque el Evangelio de Juan no nos dice cuánto Nicodemo comprendió de la enseñanza de Jesús, los versículos 10-21 nos muestran que Nicodemo comenzó a entender algunas de estas enseñanzas espirituales, de otra manera Jesús hubiera detenido aquel diálogo.

B. Aplicación
Al esforzarnos para alcanzar a los musulmanes, tenemos que comprender que provienen de un trasfondo, cultura y mentalidad religiosos completamente diferentes. No es fácil para ellos entender nuestra terminología cristiana. Jesús para ellos no es ni el Salvador, ni el Hijo de Dios. Tenemos que comunicarnos con ellos pacientemente hasta que sean capaces de comprender el plan de salvación.

III. Conclusión - Repaso de principios

- Tenemos que estar listos para salirnos de nuestro camino geográfica, social y circunstancialmente si vamos a testificar eficazmente a los musulmanes.
- Tenemos que crear un interés en el problema espiritual, relacionando las necesidades **percibidas**, o ayudándoles a reconsiderar sus creencias.
- Tenemos que refrenarnos de la **condenación**. Es muy perjudicial criticar el libro sagrado de los musulmanes o su profeta. Nuestra misión es ayudarles a ver cómo Jesús puede crearles de nuevo a través de su amor y gracia.
- Tenemos que concentrarnos en lo que es esencial para la **salvación**.
- Tenemos que comunicarnos **pacientemente** con los musulmanes permitiéndole al Espíritu Santo que les revele la veracidad del evangelio.

Actividades de grupo

I. Examen de actitudes

Instrucciones: Invite al grupo a expresar sus actitudes por medio de un juego de asociación de palabras. Cada uno anotará el primer pensamiento que viene a su mente cuando escuche las palabras:

Musulmán
Corán
Mahoma

Permítales compartir la información proveniente de sus propias experiencias ya sea que éstas sean personales, o impresiones reflejadas en ellos por los medios de comunicación o como el resultado de sus lecturas, etc. Luego trate de ayudarles a analizar sus actitudes y comprensiones. Es muy importante que sepan que no tienen que estar de acuerdo con los musulmanes teológicamente ni tampoco comprometer su convicción, pero tienen que darse cuenta de que a menos que les amen y se preocupen por ellos no podrán testificarles eficazmente.

A través de su ministerio terrenal Jesús se encontró con personas con las que él no estaba de acuerdo en cuanto a su (1) estilo de vida (la mujer samaritana); (2) teología (Nicodemo); (3) valores (el joven rico); o (4) autosuficiencia (los fariseos). Está claro que **él les amó mediante palabras y ejemplos.** Jesús nos enseñó a:

- Amar a nuestros enemigos como a nosotros mismos (Mateo 22:39).
- Ministrar a las necesidades de aquellos que son diferentes a nosotros, el buen samaritano (Lucas 10:30-37).
- Perdonar a otros (Mateo 18:21-22).
- Amar a nuestros enemigos y orar por aquellos que nos persiguen (Mateo 5: 43-48).

II. Sugerencias prácticas

A. Lo que no debe hacer
- No **critique** a los musulmanes, sus doctrinas, prácticas, cultura o su modo de vida. Aun si usted tiene un punto válido, es contraproducente criticar por tres razones: (1) Es contra el espíritu de Cristo. (2) Sólo provocará a la gente. (3) Creará un vacío entre usted y ellos el cual no es fácil de llenar.
- No **ridiculice** ninguna de las prácticas islámicas. Sus rituales son parte de sus celebraciones religiosas ceremoniales diarias. El Islam es una forma de vida y esas prácticas están entremezcladas en cada aspecto de su rutina cotidiana.
- No sea **negativo** sólo porque difiere de ellos. Puede estar en desacuerdo sin ser antipático.
- No sea **indiferente** a lo que ellos tratan de expresarle sobre credos y prácticas. Eso le puede ayudar a comprender su forma de pensar y por qué reaccionan a otras religiones en la forma en que lo hacen.

B. Lo que debe hacer
- **Ame** a sus amigos musulmanes. Aproveche toda oportunidad para manifestar su amor en formas prácticas.
- **Ore** por sus amigos musulmanes. No es usted quien va a cambiarles. Es el poder del Espíritu Santo el que provoca el cambio. Menciónelos por nombre. Si tiene un amigo musulmán enfermo, ore por él privadamente, y si le permite orar por él en su casa hágalo.
- Muestre una actitud positiva y genuina cuando le presenten a un musulmán. Déjele sentir que él, siendo un musulmán, no está alejado de usted. Extiéndale una amistad llena del amor de Cristo.

Viva una vida semejante a Cristo. Un musulmán debe ver la diferencia entre usted y los cristianos nominales. A menos que él vea esa diferencia no sentirá la necesidad de cambiar.

Instrucciones prácticas

I. Nuestras oportunidades
Los Estados Unidos y todo el continente americano se han convertido en un campo misionero. Los musulmanes vienen de sesenta países a residir en los EE.UU. de A. y en otros países de América Latina. Muchos de esos países de origen están cerrados para los misioneros; aun no se les permite a los cristianos nacionales testificar a sus vecinos musulmanes en su propia tierra natal. Tener a estos musulmanes en nuestros países es una tremenda oportunidad que se puede usar para alcanzarles. Ellos no están sujetos a las mismas presiones legales, políticas, religiosas y sociales que experimentan en sus propios países.

II. Información
Los musulmanes vienen a algún país de América creyendo que vienen a un país cristiano. Siempre asocian el Occidente con el cristianismo. Para muchos de ellos la cultura occidental materialista es un reflejo del cristianismo. Los medios de comunicación no han ayudado mucho a corregir esa expresión. Como el Islam es a la vez iglesia y Estado, ellos aplican el mismo concepto a los países occidentales. Es muy importante aclararles que no hay un país cristiano en el mundo y que la fe cristiana es una experiencia personal entre el individuo y Dios, una relación personal.

III. Aprendizaje
Trate de aprender lo más posible sobre la cultura, la religión, las prácticas y los objetivos de su amigo musulmán. Esto le ayudará a tener más familiaridad con él y descubrir algunos puntos comunes.

IV. Terminología
Con mucha frecuencia los musulmanes no entienden

nuestra terminología cristiana. Es muy importante definir esta terminología si va a usarla. Una forma mejor es usar palabras comunes aceptables y comprensibles para cristianos y musulmanes. En lugar de usar la frase "un cristiano nacido de nuevo", puede decir "un cristiano comprometido", en lugar de llamar a Jesús el "Hijo de Dios", lo cual es una blasfemia para un musulmán, puede llamarlo el "Verbo de Dios", porque Jesús es llamado en el Corán *el Verbo de Dios*. No quiere decir con ello que usted esté faltando a su fe.

También debe estar informado sobre los diferentes movimientos y sectas islámicas en nuestro país. Tenemos a los sunnas quienes se consideran a sí mismos los musulmanes ortodoxos. Tenemos los chiítas quienes se dividieron de la línea central del Islam hace más de 1300 años. También tenemos al Ahmadiyya el cual es una herejía islámica. Entre la comunidad musulmana afroamericana está la Nación del Islam. Además, existen los musulmanes ortodoxos afroamericanos. Nuestra comprensión de estas diferencias nos ayudará a desarrollar mejores métodos y estrategias para testificar a los musulmanes.

Vistazo a la siguiente sesión

SEGUNDA SESION

Preparémonos para compartir nuestra fe (Parte 2)

Objetivo

Preparar a los participantes del curso para compartir su fe mediante el estudio de las Escrituras sobre la salvación, los niveles de comunicación y los grados de comprensión del evangelio.

Introducción

1. Para ser capaces de testificar a los musulmanes, los cristianos deben estar profundamente arraigados en su fe y tener una comprensión razonable del Islam. Aquí exponemos cinco características principales que distinguen al cristianismo de cualquier otra religión en el mundo.

a. Cristo es el centro de nuestra fe. Creemos en una Persona Viva. Sin él no hay salvación. Ni aun sus enseñanzas pueden salvarnos. Jesucristo es el único que murió por nosotros, no sus enseñanzas. Nuestras doctrinas cristianas son el resultado de creer en él. Las doctrinas cristianas no responden a nuestras oraciones, pero él como una Persona Viva contesta a nuestras peticiones, nos fortalece y cuida de nosotros. No vemos esta característica en ninguna otra religión.

b. El poder de Cristo: Nuestra fe en la Persona viva nos provee con el poder transformador que nos da una forma nueva. Los musulmanes luchan por hacer buenas obras como una forma de expiación para obtener el favor de Dios. No pueden, mediante su propia fuerza, vivir en conformidad con las normas de Dios. Sus esfuerzos son inútiles debido a que carecen del poder divino encontrado en Jesús. En el cristianismo encontramos una historia diferente. Jesús no nos exige hacer buenas obras como medio para acercarnos a él. Por el contrario, nos invita a venir a él como somos, con nuestros pecados, cargas, pobreza espiritual y debilidad, y él nos dará el poder para ser cambiados. Una vez que somos transformados y Cristo mora en nosotros, entonces seremos capaces de vivir una vida semejante a Cristo y hacer buenas obras. Esto tampoco lo vemos en ninguna otra religión.

c. El amor de Cristo: El amor que sobrepasa la imaginación. El amor inmensurable de Jesús le llevó a morir en nuestro lugar para salvarnos de la condenación eterna. Ese mismo amor puede ser nuestro si creemos en esta Persona Viva. Sin su amor no podemos amar a otras personas. Jesús nos mandó que amemos a nuestros enemigos. ¿Cómo podemos amarles si no poseemos el amor de Cristo en nuestra vida? Este amor no conoce barreras, razas, colores y lenguas. Es un poder muy constructivo para establecer relaciones con los musulmanes. Este tipo de amor no existe en ninguna otra religión.

d. La paternidad de Dios: Dios es nuestro creador, pero, espiritualmente, él es nuestro padre. Esto es lo que nuestro Señor Jesucristo nos enseñó a decir cuando pronunció el Padre Nuestro u Oración Modelo. Dios nos creó a su imagen. Su imagen es sus "genes" en nosotros, por decirlo así. Como cristianos, somos sus hijos. Como "seres" somos sus criaturas. Nuestra relación con él no es una relación amo-siervo. Es una relación de veneración, amor, respeto y filiación espiritual. No encontramos estas características en ninguna otra religión fuera del cristianismo.

e. La seguridad de la salvación: El cristianismo es la única fe en el mundo que garantiza la seguridad de salvación. Basados en las promesas de Jesús y en su obra expiatoria en la cruz, estamos seguros de que cuando muramos iremos al cielo. Jesús pagó el precio en la cruz, y todos aquellos que le entreguen sus vidas son definitivamente salvos. En el Islam, la salvación depende de la misericordia y la voluntad de Dios. Ningún musulmán, ni aun el más devoto, puede pretender ni tener la seguridad de que cuando muera está destinado a ir al cielo. Este tipo de inseguridad sobre el futuro crea temor, preocupación y vacío. Es muy importante comprender estas características antes de comenzar a testificarle a los musulmanes. Esto nos ayudará a relatarles la esencia del cristianismo.

2. Fuentes de conocimiento en el Islam.

Las dos fuentes principales de la fe islámica son el Corán y la Tradición Islámica (Hadith). El Corán es el libro santo de los musulmanes. Está dividido en 114 capítulos, los cuales no están organizados en orden cronológico, sino que están organizados de acuerdo con la longitud de cada capítulo. El más largo aparece primero y el más corto es el último, con la excepción del primero, llamado al-Fatiha, que es un capítulo muy corto. Los capítulos no están centrados alrededor de un aspecto específico. En muchos casos, el capítulo trata temas no relacionados.

La Tradición Islámica es la segunda fuente más importante de la fe islámica. Esta tradición incluye los hechos y palabras de Mahoma y de algunos de sus compañeros más cercanos.

Los musulmanes siempre se refieren al Hadith para interpretar o explicar cierto verso o incidente, o para refutar un punto. Los versos coránicos son muy breves. Demandan aclaraciones o descripciones de circunstancias en las cuales estos versos fueron revelados. Los detalles o las interpretaciones se encuentran en el Hadith. Por ejemplo, el Corán niega la crucifixión de Jesús en un versículo no documentado, pero no da ningún detalle. La información sobre qué tuvo lugar en ese momento y quién fue el que crucificaron se encuentra en el Hadith. De esta manera, la Tradición Islámica se ha convertido en el refugio al cual recurren los musulmanes. Es muy necesario para

los cristianos reconocer la importancia del Hadith y su impacto sobre el evangelismo.
Es relevante aquí indicar que los musulmanes no separan la religión del Estado. La ley y la fe componen el sistema político-religioso del Estado islámico. Esto es contrario a nuestra comprensión como cristianos de la relación entre iglesia y Estado. Los siguientes puntos deben ser esclarecidos en la mente de los musulmanes desde el mismo comienzo:

a. No hay un Estado cristiano en el mundo. El cristianismo es una experiencia personal entre el hombre y Dios. Los musulmanes siempre asocian el cristianismo con el Occidente y el Islam con el Oriente (aunque hay unos 20 millones de cristianos sólo en los países árabes).
b. Es de suma importancia ayudar a los musulmanes a distinguir entre el cristianismo basado en el nuevo nacimiento y el cristianismo cultural o nominal. La mayoría de los musulmanes están aterrados de la inmoralidad que ven en nuestras calles. Ellos creen que esto es cristianismo.
c. Cuando los musulmanes comparan sus valores religiosos que son reforzados por su cultura, con los valores seculares de Occidente, los cuales ellos creen que son valores cristianos, sienten que sus valores son superiores. Tenemos que ayudarles comparando sus valores islámicos con los valores cristianos que, en la mayoría de los casos, contradicen los valores seculares. Eso les ayudará a darse cuenta del nivel más alto de los valores cristianos.

Una vez aclarados los puntos mencionados anteriormente, los musulmanes adquirirán un mejor conocimiento de la naturaleza del cristianismo. También puede ser que abran ampliamente la puerta para una discusión o diálogo productivos lo cual les puede llevar a un fructífero estudio bíblico. El Sermón del Monte puede ser un ejemplo excelente sobre este punto de comunicación.

Estudio bíblico
Jesús y Nicodemo (primera parte) —Juan 3:1-21

Introducción

Dado que la experiencia de Nicodemo es tan importante, nos gustaría arrojar más luz sobre el estudio de este caso. Ciertamente Nicodemo era una persona muy religiosa. Era tan devoto a su tradición religiosa que fue elevado a la posición de "Maestro de Israel". Debido a sus cualidades, fue admitido en el Sanedrín, la autoridad religiosa más alta en el país. También era un fariseo, pero faltaba algo en su vida. Tenía la esperanza de encontrar la satisfacción en las enseñanzas de Jesús. Su vehemencia fue más fuerte que su temor. Por esto él debe ser elogiado. Su principal interés era descubrir el significado de la salvación.

I. Enseñanzas de Jesús en cuanto a la salvación

A. La salvación es una experiencia espiritual

Jesús le dijo a Nicodemo: "a menos que uno nazca de agua y del Espíritu, no puede entrar en el reino de Dios" (v. 5). Jesús indica que una persona es nacida físicamente de los padres humanos, pero es nacida espiritualmente del Espíritu (vea v. 6). En nuestro testimonio a los musulmanes, este hecho es muy importante porque nacer del Espíritu excluye el esfuerzo humano como un medio de salvación.

Nicodemo, que era el producto de su religión legalista, confiaba grandemente en la ley y las ordenanzas religiosas. De la misma manera, los musulmanes recurren a la ejecución de los Cinco Pilares del Islam y otros rituales buscando la salvación. Los esfuerzos humanos han fracasado en el pasado así como en el presente para asegurar la salvación del hombre. Cuando Jesús habló sobre la experiencia espiritual, le estaba explicando a Nicodemo que ser religioso no era suficiente para entrar en el reino de Dios. El necesitaba un nacimiento espiritual, una transformación cuyo origen está más allá de nuestra comprensión y no podía describirse de ninguna otra forma sino como un nacimiento. Este mismo concepto debe ser presentado a los musulmanes no sobre una base teórica sino práctica reflejada en el poder transformador de Cristo.

B. La salvación es un regalo

No fue fácil para Nicodemo entender el concepto de un nuevo nacimiento. Su mentalidad legalista estaba esclavizada a la ley, pero la idea fue muy atrayente y él ansió conocer más sobre esto, por lo que preguntó: "¿Cómo puede suceder eso?" ¿Cómo pueden todos mis pecados, mis errores, mis hábitos y aun mi visión del mundo ser borrados y cambiados? ¿Cómo puede una persona que ha vivido tanto como yo, comenzar todo de nuevo? ¿Cuántos sacrificios tengo que ofrecer para ser limpiado totalmente de todas mis iniquidades de manera que pueda ser aceptado por Dios? Estas mismas preguntas también están siempre presentes en las mentes de los musulmanes.

La creencia de que las buenas obras borran las malas obras y los pecados, es predominante en la fe islámica. Las buenas obras son un medio y no un resultado. Esto no fue lo que Jesús enseñó. Es cierto que los musulmanes confían en la misericordia de Dios y en que él es el único juez que determina el destino de cada ser humano. Pero no hay garantía de que otorgue su misericordia aun al musulmán más devoto. En el cristianismo, la salvación es un regalo comprado por la sangre de Jesucristo. Cada cristiano genuino tiene la garantía de que recibirá el regalo de la salvación.

C. La salvación se recibe mediante la fe

Una vez más Jesús le subrayó a Nicodemo que la salvación sólo se obtiene por medio de la fe. La ley, los rituales religiosos y las buenas obras no le salvarían. Jesús tuvo que aclarar que cualquiera que cree en él no se perderá, sino que tendrá vida eterna. Jesús enfatiza este punto tres veces (vea vv. 15-16, 19) en su conversación con Nicodemo.

Los musulmanes creen que cumplir con las ordenanzas islámicas tales como la ablución, el ayuno, la oración cinco veces al día, el diezmo, la peregrinación y la confesión de fe, le conducen a la salvación. Esto es un intento para agradar a Dios y obtener su favor. Observar las ordenanzas islámicas combinadas con las buenas obras es un acto de expiación. No hay lugar para la cruz en el Islam.

D. La salvación es una posesión presente
Cuando Jesús le habló a Nicodemo sobre poseer la salvación, usó el tiempo presente. Es algo garantizado. No hay incertidumbre. El evangelio está lleno de promesas de Jesús concernientes a la seguridad de la salvación. El murió por nosotros y pagó el precio para asegurar esta salvación a cualquiera que cree en él y confía en sus promesas; no hay condiciones ni "peros".

El Islam carece de la seguridad de salvación. Cuando al fundador del Islam se le preguntó si estaba seguro de que todos sus pecados eran perdonados, dijo que él pedía perdón setenta veces al día. Como cristianos, estamos seguros de que la salvación es nuestra por los méritos de Jesucristo.

II. Niveles de comunicación

El diálogo entre Jesús y Nicodemo revela que se comunicaron en varios niveles:

A. Cara a cara (vv. 2, 3)
¿Cuál fue la primera impresión de Nicodemo sobre Jesús cuando se encontró con él privadamente? Por la Escritura, entendemos que vio a Jesús como "un maestro que había venido de Dios". ¿Por qué vio Jesús a Nicodemo? Porque Jesús estaba interesado en alcanzar a los individuos así como a las naciones. Jesús manifestó: **"A menos que uno nazca de nuevo no puede ver el reino de Dios"**. El lo vio como un hombre buscando la verdad. La percepción que

Nicodemo tenía de Jesús estaba correcta pero incompleta. Esta conversación les ayudó a ambos a conocerse más uno al otro.

En el evangelismo para los musulmanes, un diálogo cara a cara o una conversación uno a uno es fundamental. Cuando hay más de un musulmán involucrado en la conversación, siempre hay una actitud de precaución. Un musulmán teme admitir su convicción frente a otro musulmán. Un acercamiento uno a uno nos ayuda a escuchar, comprender y testificar al musulmán sin ser interrumpidos por la actitud antagónica de sus amigos. Además, un musulmán se siente libre para expresar su opinión, ya sea negativa o positiva, sin temor. Los debates públicos son contraproducentes en la mayoría de los casos. ¿Cuál es la percepción que tienen los musulmanes de Jesús? El es sólo un profeta al igual que Moisés. Esta percepción sobre Jesús es incompleta.

B. Mente a mente (vv. 4-13)

Nicodemo no rechazó o descartó la idea del nuevo nacimiento. Estaba confundido, pero esta confusión lo motivó a hacer algunas preguntas serias sobre esto. Jesús tomó tiempo para responder sus preguntas. Le explicó que estaba hablando sobre un nacimiento espiritual. "No te maravilles de que te dije: 'Os es necesario nacer de nuevo'" (Juan 3:7).

Todo musulmán se confunde cuando un cristiano le habla sobre la Divinidad, la Trinidad, la Paternidad de Dios, etc. Algunos de ellos son muy antagonistas, otros son más receptivos, pero todos tienen serias preguntas para que se las respondan. Tenemos que ser pacientes, amorosos y estar listos para citar la Palabra de Dios.

C. Corazón a corazón (vv. 14-18)

Finalmente, Jesús se comunicó con Nicodemo al nivel de corazón a corazón. El habló sobre el amor de Dios y conversaron sobre la muerte. Pero Jesús también le presentó a Nicodemo las buenas noticias de que aquellos que crean en él tendrán vida eterna. En este diálogo, Jesús enfatizó tres puntos: (1) El nacimiento espiritual, (2) la muerte física y (3) la vida eterna. Jesús le comunicó lo que estaba más cerca de su corazón. Mientras testificamos a los musulmanes, necesitan ver la sinceridad de nuestra fe, esperanza y amor. Están interesados en su vida eterna. Tenemos que abrirles nuestros corazones y compartir con ellos las Buenas Nuevas. No le tememos a la muerte porque estamos seguros de nuestra vida eterna.

Aplicación

Es importante que nos preguntemos: "¿A qué nivel les estamos comunicando el evangelio a los musulmanes?" En primer lugar, tenemos que descubrir algunas cosas sobre el trasfondo educativo, celo religioso, franqueza, y cuánto conocen sobre Cristo y el cristianismo. Segundo, ¿hasta qué punto estamos dispuestos a expresarles nuestra amistad y establecer una relación con ellos? ¿Estamos dispuestos a ser pacientes, amorosos y comunicarnos al nivel corazón a corazón?

III. El diálogo

El diálogo entre Jesús y Nicodemo revela el peregrinaje de Nicodemo. El escuchó sobre Jesús (Juan 3) y quizás lo vio haciendo algunos milagros. Probablemente buscó en la Escritura para ver si este hombre era el Mesías anunciado por los profetas. Parece que era una persona calculadora, muy cautelosa, pero que abrigaba una opinión positiva de Jesús.

La mayoría de los musulmanes han oído sobre Jesús, quien es llamado 'Isa' en su libro santo, el Corán, o por sus imanes musulmanes (maestros religiosos). El Corán tiene mucho que decir sobre Jesús como un profeta. Los musulmanes tienen una opinión positiva de Jesús. El es el hijo de

María, nacido sin un padre, hacedor de milagros. Creen en su segunda venida. Creen que es aquel que va a matar al anticristo. Pero los musulmanes no creen en su deidad. La visión positiva de Nicodemo le llevó a defender a Jesús (Juan 7:50, 51). Aunque nunca fue identificado públicamente con Jesús (vv. 48, 50), era evidente que era un seguidor secreto de Jesús (Juan 19:39). El secreto es el resultado del ostracismo cultural.

Muchos musulmanes temen ser identificados públicamente con el cristianismo, aun si están convencidos de la veracidad de la fe cristiana. Son seguidores secretos de Jesús. Su temor no carece de fundamento. La ley de la apostasía demanda la muerte de apóstata.

En su tercera etapa, Nicodemo se identifica públicamente con Jesús (Juan 19:36-40). Invirtió en un ungüento, ayudó a preparar el cuerpo de Cristo y violó la ley que prohíbe tocar el cuerpo muerto. Estuvo dispuesto a pagar el precio.

En su peregrinaje cristiano, cuando un musulmán convertido llega a esta fase, se enfrenta con las insuperables leyes islámicas y la presión cultural que amenazan la vida. La sociedad islámica en pleno intentará construir una cortina de hierro para evitar que cruce las fronteras de su fe para unirse al otro lado. Solamente los fieles bajo tal presión están listos a pagar el precio. La peregrinación de Nicodemo no fue un viaje fácil, como tampoco lo es el del musulmán convertido.

Actividades de grupo

I. Niveles de comunicación

Cuando intenta comunicar el mensaje del evangelio a su amigo musulmán trate de preguntarse a sí mismo:
   A. ¿A qué nivel estoy comunicándome con él? ¿Es al nivel cara a cara, o mente a mente o corazón a corazón?
   B. ¿Qué estrategia debo utilizar para moverme al próximo nivel?

C. Comparta su estrategia con su grupo y emplee tiempo en oración pidiéndole al Señor que le ayude a mejorar sus habilidades de comunicación con los musulmanes a quienes quiere alcanzar.

II. Grados de comprensión

¿Qué opinión tienen los musulmanes de Cristo? Los musulmanes están de acuerdo, según su escritura, en que Jesús es uno de los principales profetas junto con Noé, Abraham, Moisés y Mahoma. Mahoma es el mayor entre ellos, y el último de los profetas. Por lo tanto, no debemos preocuparnos de probar a los musulmanes que Jesús es un profeta porque ellos ya reconocen eso. También creen que el evangelio fue revelado a Jesús de la misma manera que el Corán fue revelado a Mahoma.

El Evangelio Coránico no es igual que el Nuevo Testamento. ¿Dónde está el Evangelio Coránico? Los musulmanes declaran que no fue preservado o que fue llevado al cielo cuando Dios elevó a Jesús antes de que sus enemigos pudieran arrestarlo y crucificarlo. Así es como los musulmanes ven a Cristo y el evangelio.

Cuando determinamos el nivel de comprensión alcanzado por nuestro amigo musulmán, nos preguntamos:

A. ¿Cómo puedo presentarle al Hijo de Dios? ¿Qué estrategia debo emplear?
B. ¿Qué terminología debo usar que sea aceptable para ambos cristianos y musulmanes sin comprometer mi fe?
C. Comparta estas preguntas con su grupo y dediquen tiempo a orar unos por otros.

III. Aplicación

Los musulmanes que emigran al Occidente creen que van a residir en un país cristiano. En la percepción de los musulmanes, el Occidente está siempre asociado con el

cristianismo. Algunas medidas que se deben tomar en el mismo comienzo de nuestras relaciones con los musulmanes:
A. *Explicarle al musulmán que no hay un país cristiano en el mundo.* El cristianismo es una relación personal con Dios.
B. *Explicarle la diferencia entre el cristianismo basado en el nuevo nacimiento o los cristianos practicantes y los cristianos culturales o nominales;* la diferencia debe estar clara.
C. *Aclararle el concepto de separación entre el Estado y la iglesia.*
D. *Enfatizar en esta etapa el aspecto moral del cristianismo.* Numerosos valores islámicos son similares en su contenido y propósito a los valores cristianos. Este es un fundamento común que pudiera ser una base sólida para la comunicación.

Instrucciones prácticas

I. El concepto de los musulmanes en cuanto a la salvación

El concepto de salvación no está claramente descrito en el Corán como lo está en las enseñanzas de la Biblia. Para examinar este concepto tenemos que aludir a algunos elementos fundamentales en el Islam.

A. *Un musulmán es una persona que se somete a sí misma a la voluntad de Dios y pronuncia la confesión de fe: "No hay más Dios que Alá y Mahoma es su profeta".* Tal confesión lo sitúa aparte de los politeístas. El politeísmo en el Islam es el pecado imperdonable y el destino del politeísta es indudablemente el infierno eterno. Los cristianos que creen en la Trinidad son considerados, en el análisis final, como infieles y se les sitúa definitivamente en el infierno.

B. *El arrepentimiento en el Islam consiste en cambiar las propias formas y seguir la enseñanza del Islam.* Es un puro esfuerzo humano para abandonar lo que es considerado en la fe islámica como inaceptable a Dios. Por eso el Corán indica que después que Adán y Eva desobedecieron a Dios, se arrepintieron y Dios aceptó su arrepentimiento (Capítulo 2:36). El arrepentimiento combinado con la misericordia de Dios son suficientes en el Islam para poner a la persona en el camino de la salvación. No hay necesidad de un redentor o un salvador.

C. En el día del juicio cada criatura desde el tiempo de Adán incluyendo todos los profetas será resucitada. Comparecerán ante la presencia del Trono. Dios pesará las buenas y las malas obras de cada una. Las personas cuyas buenas obras pesen más que las malas podrán ir al cielo, si esa es la voluntad de Dios. Aquellas cuyas malas obras pesen más que sus buenas obras irán al infierno.

Por la autoridad de algunas tradiciones islámicas auténticas, cualquier musulmán que independientemente de sus pecados e iniquidades hiciere confesión de fe, finalmente irá al cielo después de pagar el castigo en el infierno.

D. El cumplir los Cinco Pilares del Islam y el creer en Dios, los ángeles, los profetas, las escrituras y el día del juicio ofrecen al musulmán la esperanza de ir al cielo si esa es la voluntad de Dios.

E. Para un musulmán la única vía para obtener la seguridad de salvación y el cielo es morir como un mártir por la causa de Alá. Por lo tanto el concepto de Jihad (guerra santa) se ha convertido en una parte esencial de su teología.

F. Uno de los asuntos que no es seriamente discutido en la vida islámica moderna es el concepto de expiación. En el Islam se pueden redimir o expiar malas obras por medio de alimentar a un número de personas pobres o liberar a un esclavo (una práctica llevada a cabo durante la época de Mahoma y en siglos posteriores). Esta expiación toma la forma de compensación para obtener el perdón de pecados.

II. El concepto de los cristianos en cuanto a la salvación

La salvación en el cristianismo está basada en un concepto diferente. La Biblia aclara que el hombre nace con una naturaleza pecaminosa. Haga lo que haga, no puede salvarse a sí mismo. Por lo tanto, ¿cómo podemos ser salvos en el cristianismo?

A. Reconociendo nuestra naturaleza pecaminosa: todos estamos bajo la maldición del pecado. El concepto de la naturaleza caída del hombre es rechazado en el Islam, pero es una parte fundamental en el plan de salvación en el cristianismo. **"Porque todos pecaron y no alcanzan la gloria de Dios" (Romanos 3:23).** Y, **"He aquí, en maldad he nacido, y en pecado me concibió mi madre" (Salmo 51:5).** Sólo Jesús no estuvo sujeto al pecado.

B. Reconociendo que no podemos salvarnos a nosotros mismos. Estamos esclavizados al pecado y somos incapaces de liberarnos a nosotros mismos. Estamos encadenados con las cadenas de nuestras iniquidades. Necesitamos a alguien, una persona libre capaz de romper los grilletes y liberarnos. Cuando admitimos que somos incapaces de salvarnos a nosotros mismos, buscamos al Unico que tiene el poder para liberarnos de la oscuridad del calabozo a la luz de la libertad. Jesús dijo: **"Así que, si el Hijo os hace libres, seréis verdaderamente libres" (Juan 8:36).**

C. Reconociendo el poder de la cruz: Todos estamos bajo la condenación de Dios. Pecamos contra él. La paga del pecado es muerte. No hay forma en que podamos ser salvos por medio de cualquier esfuerzo humano. Las buenas obras, las oraciones, la asistencia al templo, la lectura de la Biblia, las limosnas, los buenos modales y la participación en la obra social, aunque son estimulados y recomendados, no pueden redimirnos. Ninguno puede alcanzar la norma de Dios.

Si usamos los diez mandamientos como un espejo que refleje nuestros esfuerzos para elevarnos a nosotros mismos a las normas de Dios, nos damos cuenta de nuestra incapacidad para completar la perfección requerida. Eso debe hacernos preguntar: ¿cómo podemos alcanzar nuestra salvación? Cuando leemos la Biblia reconocemos que la salvación está centrada en el poder de la cruz. **"Sin derramamiento de sangre no hay perdón" (Hebreos 9:22).** Esto aclara que la cruz es el escenario monumental donde se pagó el precio por nuestra salvación.

D. Reconociendo a Jesús como nuestro único Salvador: Creer y aceptar la obra redentora de Jesús en la cruz son pasos esenciales de nuestra parte para nuestra salvación. Una rendición total en la cual nos sometemos a Cristo y un compromiso a vivir una vida semejante a él, significan que estamos coronando a Cristo en nuestra vida. La salvación es un regalo el cual podemos aceptar o rechazar. Cuando reconocemos a Jesús como nuestro único Salvador, atestiguamos que su expiación sacrificial es la única vía para nuestra liberación del pecado. Cuando Jesús dijo: **"Yo soy el camino, la verdad y la vida"** se sumó al plan de Dios para la salvación de la raza humana. También leemos en Hechos 4:12: **"Y en ningún otro hay salvación, porque no hay otro nombre debajo del cielo, dado a los hombres, en que podamos ser salvos."**

E. Reconociendo la seguridad de salvación: Como cristianos estamos seguros de que somos salvos y tenemos garantizada

la vida eterna. La Biblia está llena de promesas tales como:
"De cierto, de cierto os digo que el que oye mi palabra y cree al que me envió tiene vida eterna. El tal no viene a condenación, sino que ha pasado de muerte a vida" (Juan 5:24). "Estas cosas os he escrito a vosotros que creéis en el nombre del Hijo de Dios, para que sepáis que tenéis vida eterna" (1 Juan 5:13).

F. La salvación a través de una experiencia personal con Cristo. Las buenas obras y los rituales religiosos no proveen la salvación. Solamente mediante una experiencia personal con Cristo somos capaces de asegurar nuestra salvación. La Biblia dice:

"Porque por gracia sois salvos por medio de la fe; y esto no de vosotros, pues es don de Dios. No es por obras, para que nadie se gloríe"(Efesios 2:8, 9). "Pero a todos los que le recibieron, a los que creen en su nombre, les dio derecho de ser hechos hijos de Dios" (Juan 1:12). "Porque de tal manera amó Dios al mundo, que ha dado a su Hijo unigénito, para que todo aquel que en él cree no se pierda, mas tenga vida eterna" (Juan 3:16).

Vistazo a la siguiente sesión

TERCERA SESION

Compartamos nuestra fe (Parte 1)

Objetivo

Demostrar cómo los participantes en el curso pueden compartir su fe dando sus testimonios, y aprender a hacer una presentación del evangelio.

Estudio bíblico
Jesús y Nicodemo (segunda parte)

Introducción

En la sesión anterior del estudio bíblico examinamos lo que Jesús hizo:

- Las cosas que enseñó en cuanto a la salvación.
- El nivel en el cual se comunicó con Nicodemo.

En esta lección queremos centrarnos en la experiencia de Nicodemo y cómo ésta pudiera ser aplicable a la experiencia de un musulmán que se enfrentara cara a cara con Cristo. Las similitudes son muy notables porque tanto los musulmanes como Nicodemo pertenecen a religiones legalistas. Dividiremos esta experiencia en cinco etapas:

I. Descubrimiento

Nicodemo descubrió que Jesús venía de Dios. Estaba convencido de que nadie podía hacer las señales milagrosas que hizo si Dios no estaba con él (v. 2). Vemos esta misma actitud manifestada en la reacción de la mujer samaritana. Después de que Jesús habló con ella y le reveló su pasado y presente, la mujer admitió que él era el Mesías. Asimismo un musulmán no puede aceptar a Jesús como salvador personal antes de que descubra quién es Jesús. Este descubrimiento proviene de dos fuentes: la Biblia y la vida de los creyentes. Un musulmán tiene que descubrir que Jesús es más que un profeta.

Así como Nicodemo descubrió que para ver y entrar en el reino de Dios (vv. 3 y 5) tenía que nacer de nuevo, un musulmán también tiene que descubrir que no puede ser salvo a menos que someta totalmente su vida a Cristo. Jesús es el camino y la verdad y la vida.

Es importante aquí, cuando ayudamos al musulmán a descubrir esta verdad, evitar el uso de términos no familiares que no pueda entender, como por ejemplo: nacer de nuevo.

II. Deliberación

Evidentemente Nicodemo estaba convencido de que Jesús venía de Dios, pero no podía comprender fácilmente la enseñanza de Jesús. Le hizo dos preguntas lógicas:

A. *¿Cómo puede nacer de nuevo un hombre si ya es viejo? (v. 4)*
B. *¿Cómo puede suceder eso? (v. 9)*

No sería extraño que estas dos preguntas también se las haga un musulmán. El concepto de "nacer de nuevo" no es un concepto familiar en el Islam. El cambio interno que tiene lugar en el corazón de un hombre como un nacimiento espiritual, es reemplazado con las obligaciones ceremoniales y legalistas en el Islam. Por lo tanto, el concepto estaría enturbiado por la vaguedad en la mente del musulmán confesante. Tenemos que recordar que aun a un nuevo convertido al cristianismo le tomará algún tiempo apropiarse del significado espiritual de la nueva vida. Puede "sentirla", pero puede ser que no lo entienda.

Parte del problema es que ambos Nicodemo y el musulmán están pensando en términos más bien físicos que espirituales. Como un judío, Nicodemo creía que la salvación era obtenida observando la ley. Asimismo, un musulmán cree que la salvación puede obtenerse mediante la ejecución de las obligaciones y tradiciones islámicas. Pero así como Jesús estaba hablándole a Nicodemo sobre la salvación mediante la fe en el Hijo de Dios (v. 16), hoy les habla a los musulmanes a través de la Biblia transmitiendo el mismo mensaje. Eso indudablemente originará muchas preguntas en sus mentes.

III. Decisión

¿Cuándo decidió Nicodemo aceptar a Jesús como su salvador personal? No sabemos. La Biblia guarda silencio en cuanto a este asunto. Pero como probó un acontecimiento posterior, sabemos que en cierto momento este líder religioso judío tomó una decisión de convertirse en un seguidor de Cristo.

En mi experiencia personal con musulmanes, no sé cuándo el amigo musulmán a quien le testifico someterá su vida a Cristo. Algunos de ellos pueden aceptar a Cristo dentro de un corto tiempo, a otros puede tomarles mucho tiempo, aun años. Puede ser que muchos de ellos nunca acepten a Jesús a pesar del largo tiempo de labor y oración. Todos creen en él como un profeta pero les cuesta aceptarlo como el Hijo de Dios.

IV. Disonancia

El hecho de que Nicodemo tomara una decisión de entregar su vida a Cristo no le garantizaba que de allí en adelante su vida iría viento en popa. En Juan 7, leemos que los colegas de Nicodemo eran hostiles a Jesús y estaban listos para acosar a sus seguidores. Lo mismo podría decirse sobre los musulmanes que confiesan que Jesús es su Salvador. Enfrentan la persecución, el odio, el desprecio y aun la muerte. Su comunidad entera los denunciará. Se convertirán en los parias de la sociedad islámica si tienen la suerte de permanecer vivos. Por eso muchos de ellos continúan siendo los seguidores secretos de Cristo por un largo tiempo.

Otros tratan cuidadosamente de defender el cristianismo sin exponerse a sí mismos a la amenaza de muerte. Saben en lo profundo de sus corazones que existe un abismo entre ellos y el resto de la comunidad islámica, pero no pueden admitirlo públicamente. Aun en tiempo de frustración y desaliento puede ser que comiencen a cuestionar sus nuevas creencias y dudar de ellos mismos.

V. Discipulado

En Juan 19:39, 40, leemos que Nicodemo y José de Arimatea fueron los que tomaron el cuerpo de Jesús de la cruz y lo prepararon para sepultarlo. Tiernamente lo colocaron en la tumba que José preparó. Es muy probable que cuando Nicodemo vio a Jesús crucificado en la cruz, se haya acordado de las palabras del Maestro en Juan 3:14.

En ese momento, Nicodemo llegó al punto en que decidió no retroceder. Deseaba gastar una gran cantidad de su dinero en el ungüento y el lienzo para preparar el cuerpo de su Maestro. No vaciló en tocar el cuerpo muerto de Jesús lo cual, según la ley judía, lo hacía impuro. Deseaba estar públicamente asociado con Jesús en un momento cuando aun algunos de los discípulos de Jesús lo abandonaron. Tal audacia fue una evidencia genuina de que Nicodemo no tenía más reservas en cuanto a Jesús y de que se había convertido en uno de sus fieles seguidores.

Este progreso en la vida espiritual de Nicodemo se asemeja al crecimiento espiritual en la vida de muchos exmusulmanes. A pesar de la persecución y denuncia muchos de ellos están listos para sacrificar su futuro y su vida por la causa de Cristo. En el momento de escribir estos párrafos un exmusulmán de Kuwait, quien estaba deseando profesar públicamente que Jesús es su Señor y

Salvador, ha sido expulsado de su propio país, sus propiedades han sido confiscadas, su esposa se ha divorciado de él y le han quitado a sus hijos. Su disposición a seguir a Cristo le ha costado todas estas cosas, pero su firmeza es una prueba viviente de su fidelidad.

VI. Conclusión

¿Qué aprendemos de la experiencia de Nicodemo? ¿Qué aprendemos de la experiencia de muchos ex musulmanes quienes felizmente han sacrificado todos sus bienes terrenales y han sido repudiados por su familia; quienes, como Nicodemo, gradualmente pasan a través de etapas similares en sus peregrinajes hacia el discipulado?

Actividades de grupo

I. Preparar un testimonio

Uno de los instrumentos más eficaces al testificar es compartir nuestro testimonio o pedir a un musulmán convertido, si es posible, que lo haga. Generalmente, las personas están interesadas en escuchar testimonios. Para los cristianos, un testimonio es causa de alabanza y aliento. Para los no cristianos, esto tiene un gran impacto en sus vidas y decisiones porque pueden ver la diferencia que Jesús ha hecho en la vida del convertido. Cuando el apóstol Pablo (Hechos 26) compartió su testimonio, generalmente usó los siguientes esquemas:

A. *Cómo era mi vida antes de conocer a Jesús*
B. *Cómo vine a conocer a Jesús*
C. *Cómo Jesús me ayuda a enfrentar la vida hoy*
D. *Cómo tú puedes conocer a Jesús también*

Los esquemas de Pablo no son la única estrategia que podemos usar para presentar nuestro testimonio. Cada uno tiene su propia experiencia personal. Debemos tomar en consideración también las diferentes culturas y el contexto en el cual compartimos nuestros testimonios. El testimonio de Nicodemo, por ejemplo, puede ser otro modelo a seguir. El progresó desde el punto de descubrimiento, a deliberación, a decisión, a disonancia y a discipulado.

Cuando compartimos nuestros testimonios compartimos nuestras vidas, nuestros sentimientos y pensamientos internos. Las personas pueden darse cuenta de que tomar una decisión de seguir a Cristo no significa que no vamos a experimentar dudas, persecuciones, presión y aun aislamientos. Por esto un testimonio de un musulmán convertido tiene un gran efecto en nosotros, porque su decisión de seguir a Cristo conlleva arriesgar su vida, familia y posesiones.

II. Sugerencias prácticas

Si está compartiendo su propio testimonio use el esquema que sea apropiado a su experiencia dentro del contexto de la cultura de su grupo objetivo. Escriba un breve párrafo debajo de cada título principal, explicando cómo llegó a conocer a Jesús como su Salvador. Después que haya preparado su testimonio, tome unos minutos para compartirlo con alguien de su grupo.

Instrucciones prácticas

I. Directrices

Hay algunas directrices que debemos seguir si tenemos que guiar a nuestro amigo musulmán a Cristo.

   A. *No trate de convertirlo al cristianismo. Su propósito principal es guiarle a la persona de Cristo.*
   B. *Preséntele el evangelio, no sus ideas intelectuales, con sencillez y lógica razonable.*

C. *Muéstrele la diferencia entre el cristianismo cultural y el cristianismo bíblico basado en la Palabra de Dios.*
D. *Al ir leyendo la Biblia juntos, deje que el posible convertido descubra lo que la Palabra de Dios dice. Anímele a leer los versículos, pensar sobre su significado, y hacer preguntas. Deje que la Palabra de Dios le hable.*
E. *Trate de usar una terminología que pueda entender. No le deje vagar en la jungla de la teología.*
F. *Concéntrese solamente en los asuntos esenciales para la salvación. No discuta asuntos no pertinentes.*
G. *No le presione a aceptar el cristianismo. Deje que el Espíritu Santo le convenza de pecado y le lleve a Cristo.*

II. Crear confianza en la Biblia

Los musulmanes en general no creen en la Biblia actual. Arguyen que está corrompida y que la original está perdida. Además, alegan que no hay más necesidad de la Biblia porque el Corán ha abrogado todas las escrituras anteriores. Dicen que toda la verdad está ahora contenida dentro de la revelación del Corán.

Como cristianos creemos que la Biblia es la verdadera Palabra de Dios. También creemos que el plan de salvación está claramente explicado en el evangelio. Además, el Corán en decenas de versículos se refiere a la Biblia y pide a Mahoma y a los musulmanes que si tienen duda en alguna revelación de Dios se refieran a la Biblia y consulten con el Pueblo del Libro (cristianos y judíos); por ejemplo, Capítulos 4:135; 5:48-49, 64; 10:94; 16:45. Por lo tanto, es muy importante ayudar al musulmán a confiar en la Biblia y aceptarla como la única Palabra de Dios. Este es el paso más importante que un musulmán puede dar.

Cuando un musulmán está listo a aceptar la Biblia como la verdadera Palabra de Dios le ayudamos a descubrir su belleza. Como una introducción al evangelio, el Sermón del Monte es un comienzo perfecto. Realmente está comprobado que la mayoría de las citas islámicas del evangelio, son tomadas de Mateo y en particular del Sermón del Monte.

Hay tres razones para eso:

A. *El Evangelio de Mateo registra la genealogía de Jesús.* Los musulmanes están orgullosos de su linaje y respetan el orden de la genealogía.

B. *El Sermón del Monte es un sermón de moral y ética.* Los musulmanes, en teoría al menos, tienen gran respeto a las virtudes y valores morales. Por lo tanto, el Sermón del Monte es muy atrayente para ellos.

C. *El Sermón del Monte no discute la deidad de Jesús;* por eso ellos no se sienten amenazados o inseguros sobre esto.

Cuando los musulmanes se familiarizan con el Sermón del Monte puede hacerle las siguientes preguntas:

1. ¿Es posible para ti cumplir estas normas morales?
2. Si no, ¿por qué?
3. ¿Cómo podemos vivir y disfrutar esta vida moral?
4. ¿Cuáles son las consecuencias de no vivir una vida moral perfecta?

Cuando un musulmán admite su incapacidad (lo cual es el problema de toda la humanidad) para vivir conforme a las normas morales del Sermón del Monte, debemos proceder a explicarle el plan de salvación. Muéstrele, paso a paso, el amor de Dios (Juan 3:16), la naturaleza pecaminosa del hombre, la necesidad de salvación, la obra redentora de Cristo, su muerte y resurrección, y la seguridad de salvación.

III. Presentación del evangelio
Las siguientes preguntas son muy útiles al presentar el Plan de Salvación:

1. *¿Por qué vino Cristo? (Juan 10:10)*

2. ¿Por qué no tenemos este regalo? (Romanos 3:23)

3. ¿Cuál es el resultado del pecado? (Romanos 6:23a)

4. ¿Cuál es el regalo de Dios? (Romanos 6:23b)

5. ¿Cómo Dios hizo esto posible? (Romanos 5:8)

6. ¿Podemos ganar este regalo? (Efesios 2:8, 9)

7. Si pudiéramos ganar este regalo (Gálatas 3:1-5), ¿hubiera muerto Cristo? (Gálatas 2:21)

8. ¿Cómo llega a ser nuestro este regalo? (Juan 1:12)

9. ¿Cómo recibió este regalo el ladrón agonizante? (Lucas 23:39-43)

10. ¿Podemos estar seguros de que tenemos este regalo? (Juan 5:24)

11. ¿Abrirás la puerta de tu vida a Cristo? (Apocalipsis 3:20)

(Para hacer estas preguntas tiene que leer primero con su amigo musulmán cada referencia y explicársela.)

Tiene que estar consciente de que cuando trate de explicar el plan de salvación a un musulmán, éste le bombardeará con sus preguntas. Algunas veces, puede volverse escéptico o furioso. Puede objetar muchas doctrinas cristianas. Esto es usual. Tenemos que recordar de donde él viene y ser pacientes. El amor, la paciencia y la perseverancia son sus mejores instrumentos al testificar a un musulmán. Pero cuando intente responder sus preguntas refiérase siempre al Evangelio. El Evangelio es su fuente de información más importante.

Vistazo a la siguiente sesión

CUARTA SESION

Compartamos nuestra fe (Parte 2)

Objetivo

Equipar a los participantes en el curso para compartir su fe practicando la presentación del evangelio y aprendiendo cómo responder a preguntas sinceras.

Estudio Bíblico
Cómo trató Jesús las preguntas sinceras

Introducción

En el transcurso de compartir nuestra fe nos encontraremos con algunos musulmanes quienes no pueden captar el *pleno significado* del plan de salvación, o tienen preguntas sinceras. Hay una gran diferencia entre aquellos que están real y sinceramente interesados en aprender y comprender el plan de salvación, y aquellos que meramente desean discutir. La Biblia claramente nos enseña a evitar *argumentos* vanos. Siempre son contraproducentes. En 1 Timoteo 6:20, 21 leemos: **"Oh Timoteo, guarda lo que se te ha encomendado, evitando las profanas y vanas palabrerías y los argumentos de la falsamente llamada ciencia; la cual profesando algunos se descarriaron en cuanto a la fe."**

Sin embargo, la Biblia nos enseña que debemos estar preparados para contestar *preguntas sinceras*. Dice: **"Más bien, santificad en vuestros corazones a Cristo como Señor y estad siempre listos para responder a todo el que os pida razón de la esperanza que hay en vosotros, pero hacedlo con mansedumbre y reverencia"** (1 Pedro 3:15). Los Evangelios nos presentan algunos ejemplos de la forma en que Jesús contestó preguntas sinceras.

I. Cómo contestó Jesús las preguntas de la mujer samaritana

Tanto la mujer samaritana como Nicodemo, cuando hablaron con Jesús, le hicieron preguntas sinceras. La mujer samaritana no pudo comprender, al principio, qué le quiso decir Jesús cuando declaró que él era el agua de vida. En realidad le hizo varias preguntas. La primera fue: **"¿Cómo es que tú, siendo judío, me pides de beber a mí, siendo yo una mujer samaritana?"** (Juan 4:9). O, dicho en forma más sencilla: "¿Por qué me hablas a mí?" En una voz dulce y compasiva Jesús le contestó en Juan 4:10, **"Si conocieras el don de Dios, y quién es el que te dice: 'Dame de beber', tú le hubieras pedido a él, y él te habría dado agua viva."** Cuando ella notó que él no tenía nada con qué sacar el agua, le preguntó: **"¿Acaso eres tú mayor que nuestro padre Jacob?"** (v. 12). Jesús evitó discutir asuntos no relacionados con el mensaje que él intentaba comunicar a esta mujer. El continuó concentrándose en el agua viva (v. 14). Seguidamente ella le hizo una pregunta controversial: "¿Dónde debemos adorar?" Una vez más Jesús evitó una discusión sobre la demanda de los samaritanos de que su monte es el lugar de adoración y no Jerusalén. En su respuesta, Jesús puso énfasis en el tipo de relación que las personas deben tener con el Padre: **"Los verdaderos adoradores adorarán al Padre en espíritu y en verdad"** (v. 23). Jesús no enfatizó la religión sino la relación.

II. Cómo contestó Jesús las preguntas de Nicodemo

Del mismo modo, Nicodemo no comprendió el concepto del *nuevo nacimiento*, por lo tanto preguntó: **"¿Cómo puede nacer un hombre si ya es viejo?"** (Juan 3:4). Jesús pacientemente respondió que él estaba hablando sobre un nacimiento espiritual y no físico. Dijo: **"Lo que ha nacido de la carne, carne es; y lo que ha nacido del Espíritu, espíritu es"** (v. 6). Para ilustrarle a Nicodemo lo que quería decir, Jesús usó el ejemplo del viento, **"El viento sopla de donde quiere, y oyes su sonido; pero no sabes ni de dónde viene ni a dónde va"** (v. 8). Lo mismo es cierto en el *nacimiento espiritual*. Pero Nicodemo todavía no comprendió plenamente lo que Jesús estaba hablando y preguntó: **"¿Cómo puede suceder eso?"** (v. 9).

Jesús nuevamente utilizó un ejemplo familiar. Recurrió al Antiguo Testamento haciendo alusión a la historia de la serpiente en el desierto (Números 21). Nicodemo como un maestro de Israel, conocía bien el significado del incidente. Cuando los israelitas murmuraron contra Dios, él los castigó enviando serpientes que los mordían y causaron la muerte de muchos israelitas. Cuando Moisés rogó a Dios por el pueblo, él instruyó a Moisés para que hiciera una serpiente de bronce y la levantara en un asta. Aquellos que confiaran en Dios y miraran a la serpiente con fe serían sanados. Entonces Jesús hizo la aplicación, **"Y como Moisés levantó la serpiente en el desierto, así es necesario que el Hijo del Hombre sea levantado, para que todo aquel que cree en él tenga vida eterna"** (vv. 14, 15).

¿Qué inferimos de estos dos incidentes?
1. Jesús tomó tiempo para responder a las preguntas de Nicodemo. Hizo lo mismo con la mujer samaritana.
2. El comenzó con lo que ellos sabían y prosiguió a lo que no sabían.
3. En su respuesta él fue sincero y presentó la verdad (Juan 4:22).
4. El les inspiró a continuar en su búsqueda de la verdad.
5. Jesús evitó usar una terminología ambigua. Empleó ilustraciones de la vida cotidiana de ellos.
6. Jesús evitó argumentos infructuosos y enfatizó lo que es importante.
7. Jesús hizo la aplicación muy clara.
8. El enfatizó la relación y no la religión.

Actividad de grupo

Después de repasar el concepto de salvación en el Islam divida el grupo en parejas y pida a cada persona que lea a su pareja el plan de salvación que él o ella preparó. Dé a cada persona 15 minutos para hacerlo. Esta actividad provee a todos la oportunidad de practicar cómo presentar el plan de salvación.

Instrucciones prácticas

Cuando examinamos las respuestas de Jesús a las preguntas que le hicieron, notamos que él se centraba en compartir las buenas nuevas, sin permitir que nada lo distrajera de sus objetivos principales. Fue cortés pero prudente y firme. En esta sesión discutiremos algunas preguntas comunes que hacen los musulmanes siempre que tratamos de compartir con ellos el mensaje del evangelio y guiarles a una fe personal en Jesucristo. El objetivo principal es compartir algunas perspectivas e ideas sobre cómo reconocer estas preguntas y relacionarlas con la salvación.

I. ¿Cómo se puede probar que la Biblia no está corrompida?

   A. *Razones para hacer esta pregunta*
   Muchos musulmanes creen que los cristianos y los judíos han corrompido la Biblia. Esta es una pregunta crucial para ambos, cristianos y musulmanes. Si es probado que la Biblia no está corrompida, entonces, ¿cuál libro es la Palabra de Dios: el Corán o la Biblia? La contradicción fundamental entre los dos Libros nos manda a aceptar uno y rechazar al otro. Por lo tanto, ¿cómo podemos contestar esta pregunta?

   B. *Respuestas sugeridas*
   1. El increíble cumplimiento de las profecías del Antiguo Testamento concernientes a las naciones

antiguas de aquel tiempo así como las profecías relacionadas con Jesús son la prueba más concluyente sobre la autenticidad de la Biblia.

2. La disponibilidad de miles de manuscritos bíblicos de los tres primeros siglos que al ser comparados con las actuales Biblias impresas no se observa ninguna diferencia significativa entre ellos.

3. En caso de que fuera corrompida, ¿cuándo ocurrió esto, antes de Mahoma o después de Mahoma? Si la respuesta fuera antes de Mahoma, entonces, ¿por qué el Corán, en decenas de versículos, instaba a Mahoma y a los musulmanes a remitirse a la Biblia cuando tenían duda de la verdad? Si la respuesta fuera después de Mahoma, entonces poseemos los manuscritos antiguos como una prueba de que la Biblia no ha sido corrompida.

4. El descubrimiento de los Rollos del Mar Muerto probó fuera de cualquier duda la autenticidad del Antiguo Testamento.

5. Los actuales descubrimientos arqueológicos afirman la validez de la Biblia.

6. Además, la Biblia nos advierte que cualquiera que modifique o cambie o añada a la Palabra de Dios, será severamente castigado.

II. ¿Cómo se puede probar la naturaleza caída del hombre?

A. *Razones para hacer esta pregunta*
Ya que los musulmanes creen que el hombre nace inocente les es difícil aceptar el concepto bíblico de la naturaleza caída del hombre. Para ellos, el pecado es el resultado de la debilidad del hombre. Creen que todo lo

que necesitamos son maestros o profetas que nos guíen en el camino de la verdad, el Islam. No hay necesidad de redención o la cruz, o un salvador que pague el rescate.

B. *Respuesta sugerida*

Tanto la Biblia como el Corán nos relatan la historia de la rebeldía de Adán y Eva contra Dios (Capítulo 2:28-35). Las razones son las mismas y el resultado es el mismo con una excepción. El Corán no menciona que la paga del pecado es muerte: la muerte física, que entró al mundo como consecuencia de la desobediencia, y la muerte espiritual, que es el castigo por el pecado. Pero el Corán sí menciona que Adán era el amo del paraíso señoreando sobre toda la creación de Dios (v. 28). Cuando desobedeció a Dios fue expulsado del paraíso para siempre, a pesar de su arrepentimiento y la aceptación por parte de Dios de ese arrepentimiento (v. 35). Además, reinó sobre la tierra un estado de hostilidad, odio, amenaza e impiedad (v. 34).

Por lo tanto, si este fue sólo un problema de arrepentimiento y ningún cambio tuvo lugar en la naturaleza humana, ¿por qué Dios no restauró a Adán y Eva al paraíso después? ¿Por qué Dios no le volvió a asignar a Adán su estado anterior con todos los privilegios que le confirió primero? Si no hubiera ocurrido ningún cambio en la naturaleza humana, el estado desastroso que hemos experimentado desde la caída de Adán no hubiera tenido lugar. Es por esto que necesitamos un Salvador, un Redentor que pueda liberarnos del pecado.

III. ¿Cómo se puede probar que Jesús era el Hijo de Dios?

A. *Razones para hacer esta pregunta*

Los musulmanes rechazan el concepto de la deidad de Cristo. Asociar cualquier ser con Dios es una blasfemia. Dios es uno. La Trinidad no refleja ninguna de las doctrinas islámicas. Los musulmanes declaran que los cristianos creen en más de un Dios.

B. Respuesta sugerida
Es muy importante enfatizar que nosotros creemos en un Dios. Ambos, el Corán y la Biblia, llaman a Jesús el **Verbo de Dios**. Aunque los musulmanes tratan de interpretar esta terminología como un mandato "sea y fue", está muy claro que el Corán no habla sobre un mandato. En el Corán, cuando Gabriel le estaba dando las gratas noticias sobre Jesús a María le dijo: **"Dios te albricia con un Verbo, emanado de El, cuyo nombre es el Mesías, Jesús, hijo de María (Capítulo 3:40)**. Por lo que un mandato no puede constituir un ser. En otro versículo coránico dice: **"Jesús, hijo de María, es el Enviado de Dios, su Verbo, que echó a María un espíritu procedente de El" (Capítulo 4:169)**.
Este texto coránico explica por sí mismo el concepto de la trinidad y la deidad de Jesús. El Verbo (Cristo), Dios (el Padre), y de su espíritu (el Espíritu Santo). Si Jesús es el Verbo de Dios, entonces es eterno porque el Verbo de Dios es eterno. De otra manera hubo un tiempo cuando Dios estaba sin un Verbo, un Dios mudo.
También cuando un musulmán pregunta: ¿Cómo puede ser 1+1+1=1? Nuestra respuesta debe ser: "No decimos 1+1+1=1 sino más bien 1x1x1=1 y eso prueba la infinidad de Dios y que Dios es uno.

IV. Si Jesús es Dios, ¿cómo pudo él morir en la cruz?

A. Razón para hacer esta pregunta
Basados en la enseñanza del Corán, los musulmanes no creen que Jesús fue crucificado. Declaran que algún otro, una réplica de Jesús fue crucificado, no Jesús (Capítulo 4: 156-157). Si Jesús es Dios, como expresan los cristianos, ¿cómo pudo Dios morir en la cruz?

B. Respuesta sugerida
Jesús tiene dos naturalezas: su naturaleza divina como el Verbo de Dios, y su naturaleza humana nacido de María. En la cruz su naturaleza humana justa fue crucificada.

Como Dios él no murió, pero como el Hijo del Hombre bebió el cáliz de la muerte.

V. ¿Qué prueba tienen los cristianos de que Jesús fue realmente crucificado?

    A. *Razón para hacer esta pregunta*
Esta pregunta está relacionada con el anterior punto de vista islámico sobre la crucifixión.

    B. *Respuesta sugerida*
Además del relato bíblico, la historia nos preservó una riqueza de documentos romanos concernientes a la crucifixión (remitirse al libro de Al-Qayrawani "**¿Fue el Cristo realmente crucificado?**"). El Talmud, Josefo y documentos judíos afirmaron la crucifixión de Jesús. Manuscritos gnósticos antiguos resaltaron la historia de la crucifixión. Los escritos de los primeros padres de la iglesia pusieron énfasis en la crucifixión y resurrección de Jesús. Además, si Jesús no fue realmente crucificado, ¿sacrificarían sus vidas por una mentira todos los discípulos de Jesús, quienes son muy elogiados en el Corán (Capítulos 3:45-47; y 61:14)?

Cincuenta días después de la ascensión de Cristo, el apóstol Pedro se enfrentó al pueblo judío y a sus líderes y los acusó de matar y crucificar al Justo (Hechos 2:23). Ellos no se atrevieron a negar o refutar su acusación. Si la historia de la crucifixión fue una mentira del primer siglo, ninguno de los mártires hubiera muerto por un mito, a sabiendas de que era un mito.

VI. ¿Por qué dice que a menos que uno crea en Jesús como su Salvador personal no puede ser salvo?

    A. *Razón para hacer esta pregunta*
Los musulmanes declaran que la religión con Alá es Al-Islam. Dios no acepta de las personas ninguna otra religión fuera de Al-Islam. Básicamente la fe islámica contradice todas las doctrinas cristianas principales, especial-

mente el concepto de salvación. Es difícil para un musulmán tolerar la doctrina cristiana de la salvación porque la misma condena a todo aquel que rechaza la cruz de Cristo a pesar de su santidad o posición religiosa, incluso al fundador del Islam.

B. Respuesta sugerida

Como cristianos creemos que Jesús vino a esta tierra a salvarnos de la esclavitud del pecado. Todos nosotros hemos pecado contra Dios, incluyendo todos los profetas. La Biblia nos ha registrado los pecados de los profetas para mostrar que nadie puede cumplir la norma de Dios. Jesús, y sólo Jesús vivió una vida recta sin pecado porque él era más que un profeta. Su propósito principal al venir a esta tierra era redimirnos de nuestras iniquidades para cumplir la justicia de Dios. Su amor fue tan grande que él nunca vaciló al renunciar a su gloria en el cielo y venir a esta tierra a liberarnos de la muerte eterna. Si no creemos en él como nuestro Salvador personal, y si no aceptamos su obra redentora en la cruz, renunciaríamos a todo lo que ha hecho por nosotros. Además, Jesús aclaró que nadie puede venir al Padre excepto por medio de él. También dijo que él es el camino, la verdad y la vida (véase Juan 14:6). Sin Jesús no hay salvación.

VII. Conclusión

Después de exponer al musulmán los conceptos bíblicos relativos a los asuntos mencionados anteriormente, puede añadir las siguientes observaciones:

1) El Corán tiene gran consideración por Jesús como un profeta. Jesús es llamado en el Corán como el Verbo de Dios, un Espíritu de Dios, una señal para todas las criaturas, el Mesías, un guía y la persona justa.

2) El Corán en decenas de versículos remite a Mahoma y a los musulmanes a la Biblia cuando hubiere dudas de

alguna revelación.

3) El Corán también habla sobre la naturaleza caída del hombre en la historia de Adán y Eva.

4) En la historia de Abraham y su hijo (el Corán no menciona el nombre del hijo) tenemos un símbolo de la obra de redención en la cruz.

5) El Corán menciona indirectamente las personas de la Trinidad cuando habla sobre el Verbo, el Espíritu de Dios y Dios.

Tenemos que reconocer la importancia de las preguntas mencionadas anteriormente y tratar de responderlas bíblicamente teniendo en consideración que no es fácil para un musulmán aceptar las enseñanzas bíblicas que contradicen los dogmas coránicos. La oración, el amor, la perseverancia y la fe son elementos eficaces para alcanzar a los musulmanes.

Vistazo a la siguiente sesión

QUINTA SESION

Estudio bíblico continuo:
El discipulado de los nuevos creyentes

Objetivo
Equipar a los participantes en el curso con las herramientas y habilidades para involucrar a los posibles candidatos en el estudio bíblico continuo.

Introducción
Es muy difícil para un musulmán involucrarse en un estudio bíblico. Puede estar muy interesado en discutir con los cristianos para probar la superioridad de su fe. Un musulmán necesitará mucho coraje para correr el riesgo al asistir regularmente a un estudio bíblico. Hay tres fases que un posible candidato experimenta antes de involucrarse en un estudio bíblico.

- La fase de lealtad, en la cual un musulmán trata de mostrar su fidelidad a su fe, cultura y tradición. En esta fase, él es muy disputador, agresivo e intolerante.

- La fase de investigación, en la cual un musulmán que es impactado por la vida, amor y fidelidad de los cristianos, trata de descubrir la enseñanza y el poder transformador de Cristo tal y como son reflejados en la vida de sus amigos cristianos.

- La fase de discipulado, en la cual un musulmán se vuelve un cristiano y busca conocer más sobre la nueva fe y crecer en su relación con Dios.

Las dos fases últimas son fases de prueba y penalidades para el musulmán y el testigo.

Estudio bíblico
El peregrinaje de Pablo como nuevo creyente

Introducción

La Biblia está llena de varios modelos de los peregrinajes de los nuevos creyentes. El peregrinaje de Abraham a la tierra prometida en el Antiguo Testamento, como un símbolo de su peregrinaje espiritual; el peregrinaje de los discípulos durante los tres últimos años del ministerio terrenal de Jesús; e indudablemente, el dramático peregrinaje de Pablo o Saulo como se le llamaba antes de su conversión. La conversión de Pablo ha sido una inspiración real para todos nosotros. El relato bíblico nos detalla, no sólo la conversión de Pablo, sino también su ministerio fructífero el cual fue sellado con su martirio. En esta sesión examinaremos el período de preparación que tuvo lugar entre la conversión y el ministerio de Pablo. Realmente fue un peregrinaje extraordinario el de este inspirador siervo de Dios.

I. Pablo fue una persona muy devota

A. *Vida anterior de Pablo*

Pablo se refirió a sí mismo como un "hebreo de hebreos" (Fil. 3:5). Nació de padres hebreos de la tribu de Benjamín, la cual pertenecía a Judá en el reino del sur.

(La mayoría de los musulmanes a menos que sean convertidos de otras religiones, son nacidos de padres musulmanes y están muy orgullosos de ello. Además, según la ley islámica, cualquier niño que es nacido de un padre o una madre musulmán es considerado como un musulmán. La religión del cónyuge no musulmán no se tiene en cuenta.)

B. Entrenamiento de Pablo
Pablo no solamente era una persona religiosa, sino también un fariseo. Como cualquier familia judía, sus padres tuvieron que enviarlo a la sinagoga para su educación religiosa primaria y exponerle la cultura judía, aunque él vivía en Tarso, fuera de Palestina. El relato bíblico infiere que a cierta edad Pablo había estudiado en la escuela de Gamaliel, uno de los eruditos y líderes judíos de su época. En esa escuela Pablo había aprendido la interpretación rabínica de la ley judía y su perspectiva del Mesías.

(En la mayoría de los países islámicos y comunidades musulmanas, los niños tienen que aprender a acatar los Cinco Pilares del Islam, memorizar porciones del Corán, practicar la enseñanza del Islam y mantenerse apartados de la influencia de otras religiones, por ejemplo, el cristianismo. También se les expone a la cultura y la tradición islámicas. Muchos de ellos siguen sus estudios religiosos, como lo hizo Pablo, en institutos de una educación religiosa más alta, como al-Azhar en el Cairo.)

C. Dedicación de Pablo
Como un judío devoto, Pablo manifestó todas las cualidades de una buena persona religiosa y piadosa que hacía sumo esfuerzo para aplicar el significado literal de la ley. Se dedicó a sí mismo a la tarea de promover el judaísmo y protegerlo de "los cultos peligrosos". Intentaba, con la ayuda de las autoridades religiosas en Palestina y Siria, erradicar a los seguidores de este nuevo culto: los cristianos.

(Muchos musulmanes son creyentes en el Islam, muy devotos y religiosos. Realmente creen que el Islam es la verdadera religión de Dios y cualquier otra religión es el producto del paganismo o ha sido corrompida. Sólo el Islam retiene la pureza de la inspiración original. Luchan para promover el Islam a través de varias formas y medios de comunicación. También toman cualquier medida para aniquilar a los apóstatas en la comunidad, apoyados por la ley islámica que incluye tal disposición.)

II. Pablo tuvo un encuentro con Jesús

A. *Un factor contribuyente*

No tenemos ningún indicio de que Pablo hubiera oído hablar a Jesús mientras éste estaba aún en la tierra. Por las epístolas de Pablo, entendemos que él no tuvo tal privilegio, pero por medio del testimonio y el ejemplo de Esteban, pudo ver una imagen de la Persona que él determinó perseguir a través de sus seguidores. Posiblemente Pablo fue de alguna manera tocado por la forma en que Esteban murió, orando por sus opresores. Quizás la paz y el amor que irradiaban del rostro de Esteban plantaron la semilla del evangelio en el corazón de Pablo.

La forma en que reaccionamos ante situaciones desagradables deja indudablemente una marca profunda en la impresión que los musulmanes tienen de nosotros. No hay un testigo más eficaz para un musulmán, que una vida semejante a Cristo. Un musulmán tiene que ver que somos realmente diferentes, y que "la diferencia" es el resultado del poder de Cristo en nosotros.

B. *La conversión de Pablo*

Por un tiempo Pablo continuó persiguiendo a los cristianos. ¿Estaba tratando de silenciar la voz susurrante de Dios que resonaba en lo profundo de su corazón? Se volvió más celoso en su persecución a los cristianos como si estuviera tratando de probarse a sí mismo que él aún era el viejo judío devoto y fiel. Más aun, amplió su área de autoridad y viajó a Siria, armado de cartas de recomendación para prender a los judíos cristianos y extraditarlos para ser enjuiciados en Jerusalén. En este viaje en particular, él encontró al Jesús que estaba persiguiendo.

Eso hizo añicos las convicciones anteriores de Pablo. Quizás en aquel momento comenzó a preguntarse si él estaba equivocado, o si lo que había estado practicando y lo que le habían enseñado desde su niñez era cuestionable.

Cuando un musulmán confronta una situación similar a la de Pablo, experimenta las mismas dudas. Es difícil para un musulmán aceptar que todos sus antecesores musulmanes estaban equivocados. Cuando le dije a un musulmán que solamente Jesús podía salvarnos de nuestros pecados, se irritó y me bombardeó con sus preguntas airadas. Preguntó: ¿Quieres decir que Mahoma necesitaba a Cristo para ser salvo? ¿Quieres decir que el Corán no nos relata la verdadera forma de salvación? ¿Qué de mis antecesores, mi padre, mi madre y mi tío que eran musulmanes muy devotos? ¿Todos ellos van a ir al infierno?

Todas estas preguntas y muchas más se convierten en obstáculos que impiden que un musulmán acepte a Cristo. A menos que el Espíritu Santo toque su corazón como hizo con Pablo, un musulmán se resiste a la obra redentora de Cristo en la cruz.

III. Pablo comienza su discipulado

A. *Su primera instrucción por Ananías*

En Hechos 9:6 Cristo instruyó a Pablo para que entrara en la ciudad de Damasco donde se le diría qué hacer: "Pero levántate, entra en la ciudad, y se te dirá lo que te es preciso hacer." Hechos 9:10-18 nos relata brevemente la historia de Ananías quien vivía en Damasco y fue instruido por Cristo para comunicar el mensaje del Señor a Pablo. Cuando se encontraron, Ananías le ofreció a Pablo un afectuoso compañerismo, usado por Dios sanó la ceguera de Pablo, fue instrumento para que éste fuera lleno del Espíritu Santo y bautizado. Además, mientras compartían mutuamente sus experiencias, Ananías ayudó a Pablo a encontrar algunas respuestas a sus insistentes preguntas sobre su encuentro con Cristo en el camino de Damasco.

La situación con un musulmán no difiere mucho. Cuando el Espíritu Santo comienza a hablar a su corazón, se encuentra a sí mismo algo confundido. Necesita un afectuoso compañerismo, aliento, amor y paciencia. Busca ayuda para comprender la nueva fe y lo que está involucrado en ella. Las oraciones se vuelven el aspecto más importante en esta etapa. Nuestro apoyo espiritual es muy esencial para este crecimiento.

B. Pablo dedica tiempo a examinar su alma

Hechos 9 no nos facilita suficientes detalles sobre lo que Pablo hizo después de su encuentro con Cristo y su reunión con Ananías. A primera vista da la impresión de que Pablo comenzó a predicar después de su experiencia con el Espíritu Santo. Los versículos 19 y 20 sugieren que Pablo, quien estuvo algunos días con los discípulos en Damasco, comenzó enseguida a predicar en la sinagoga que Jesús es Hijo de Dios. Pero en Gálatas 1:17 dice que después del encuentro de Pablo con Cristo "partió inmediatamente para Arabia y después volvió a Damasco".

Muchos eruditos bíblicos creen que Lucas, quien registró la experiencia de Pablo años más tarde, no incluyó el período que Pablo estuvo en Arabia. En la opinión de algunos estudiosos Pablo pasó al menos dos años en Arabia "probablemente bajo la misma sombra del Sinaí" estudiando las Escrituras a la luz de la resurrección de Jesús.

Este breve relato nos enseña dos cosas importantes:

Primera: Es muy necesario para el nuevo convertido tener compañerismo con otros cristianos. Este compañerismo fortalece la relación entre los miembros del cuerpo de Cristo y brinda apoyo al nuevo creyente. *Segunda,* el nuevo convertido necesita dedicar tiempo al estudio de la Palabra de Dios para nutrir su alma y obtener un profundo conocimiento de las Escrituras que le permitirá testificar a otras personas, responder a sus preguntas y alentar al débil. Para un ex musulmán, este también es un tiempo para prepararse para la persecución y la muerte, si es necesario.

IV. Conclusión

Hay varias lecciones que aprender de la conversión y discipulado de Pablo:

- Una persona puede ser muy religiosa, pero estar muy

equivocada. Pablo tenía la mejor enseñanza e intención, pero estaba en el lado equivocado. Estaba luchando contra Cristo. Muchos musulmanes son muy religiosos y han recibido la mejor educación posible, pero adoptan una actitud hostil contra la deidad de Cristo y su obra redentora en la cruz.

- Frecuentemente se requiere de tiempo para que la semilla de la Palabra de Dios germine. No sabemos cuanto tiempo tomaron el testimonio y la muerte de Esteban para producir una perturbadora convicción de pecado en la vida de Pablo.
Lo mismo pudiera decirse de los musulmanes. Debido a su educación religiosa, cultura y leyes, un musulmán puede tomarse semanas o meses, aun años para convencerse de sus pecados. Eso no debe frustrarnos. Las semillas necesitan tiempo para germinar.

- La experiencia de la conversión no significa una comprensión inmediata de todas las doctrinas cristianas. Apropiarse de las doctrinas cristianas es un largo proceso de estudio, meditación y crecimiento espiritual.
Pablo tuvo que pasar tiempo reflexionando acerca del significado de su experiencia y su implicación. Tuvo que revisar y reconsiderar todas las interpretaciones que había aprendido sobre el Mesías. Tuvo que examinar la tradición religiosa que había heredado de sus padres y maestros. Quizás se preguntaba a sí mismo si era capaz de pagar el precio del discipulado. Debió haberse dado cuenta de que la persecución, la opresión y aun la muerte lo podían estar esperando. Esta misma situación la enfrenta siempre un convertido del Islam.

- El nuevo convertido no sólo necesita tiempo, sino también necesita el estímulo y el compañerismo de cristianos maduros durante el período de discipulado.

Este es un ministerio muy importante. Ambos, Ananías y Bernabé fueron fuentes de estímulo para Pablo. Desde el principio Ananías llamó a Pablo "hermano Pablo" y le trajo un mensaje del Señor Jesús a quien Pablo había encontrado (Hechos 9:17). Pablo también fue calurosamente recibido por los discípulos en Damasco. Más tarde, Bernabé se unió a él por un largo tiempo y le fue de gran estímulo. Indudablemente Pablo agradeció este compañerismo porque lo necesitaba al máximo. Como un nuevo convertido del judaísmo, se separó de su secta y se convirtió en un proscrito, rompiendo su relación con el liderazgo religioso judío. Muy pronto sufriría la persecución.

Un musulmán convertido estará expuesto al mismo ambiente hostil que Pablo enfrentó. Tan pronto como se vuelva cristiano se le aplicará la ley de la apostasía. Será denunciado por su familia, amigos, país y gobierno. Su esposa puede ser forzada a divorciarse de él. Se le quitarán sus hijos y su propiedad será confiscada. Será afortunado si no es sentenciado a muerte (ver *The Rights of non-Muslims in the Islamic State* o *Los Derechos de los No-musulmanes en el Estado Islámico*, por Samuel Shahid).

Tal persona está buscando ansiosamente el toque humano fraternal e indispensable de un hermano cristiano. La iglesia debe convertirse en su nueva familia. El necesita el apoyo espiritual, psicológico, emocional y aun financiero para sobrevivir. ¡Qué gran ministerio para la iglesia el de respaldar a aquellos que son perseguidos por la causa de Cristo!

Actividades de grupo

Actividad 1:
Divida el grupo en parejas. Pida a cada persona que dedique cinco minutos a compartir con la otra persona su experiencia al ser discipulados como nuevos cristianos. ¿Quién los discipuló? ¿Cuáles fueron los aciertos del es-

Estudio bíblico continuo 75

fuerzo en el discipulado? ¿Y cuáles fueron los puntos débiles?

Actividad 2:
Pida a cada persona que dedique cinco minutos a compartir con la otra persona, lo que haría para discipular a un nuevo cristiano con un trasfondo musulmán. ¿Cuáles son algunos aspectos (problemas, doctrinas y prácticas) que discutirían? ¿Cuáles son algunas cosas sobre la iglesia bíblica que querrían explicar? ¿Qué esfuerzos realizarían para confraternizar con estos nuevos convertidos?

Conclusión de las actividades de grupo
Reúna al grupo y pida voluntarios que compartan algunas percepciones de los grupos pequeños. Haga una lista de estas percepciones y sugerencias en un pizarrón. Pida al grupo que tome nota para usarlas posteriormente en el discipulado de nuevos convertidos.

Instrucción práctica

I. Estrategias
Las siguientes estrategias están divididas en dos categorías:

A. *Estrategias para relacionarse con los musulmanes que aún no han tomado la decisión de recibir a Cristo*
1. Un musulmán que aún no ha recibido a Cristo como su Salvador personal vacila en aceptar la Biblia como una autoridad. En este caso, estimule al amigo musulmán para que escudriñe su Corán buscando los atributos de Cristo como están expresados en su Libro Sagrado. Algunos de los títulos de Jesús en el Corán son: el Verbo de Dios, Espíritu de Dios, una Señal para todas las criaturas, el Justo, Mesías y Jesús.

2. Pida a su amigo musulmán que le interprete estos títulos. ¿Qué quiere decir el Corán cuando llama a Jesús *el Verbo de Dios*, o *Espíritu de Dios*, o *un Justo*?

3. Compare estos títulos o atributos con los atributos bíblicos. Explíquele que estos títulos son títulos activos. Cuando decimos que Jesús es el Verbo de Dios, indicamos que él es un ser inteligente, activo en nuestra vida y en la historia humana.

4. Pregúntele a su amigo musulmán si ha hecho todo el esfuerzo posible por ser bueno. ¿Sería capaz de agradar a Dios y cumplir sus normas? Todos los musulmanes admiten que nadie puede cumplir los requerimientos de Dios para la santidad. Entonces, pregúntele si está seguro de que cuando muera irá al cielo, y sobre qué basa su seguridad.

5. Trate de explicarle el significado de la "santidad y la justicia de Dios". Muéstrele que la santidad y la justicia de Dios condenan el pecado y como nadie puede agradar a Dios por medio de las buenas obras, cada uno está condenado a ir al infierno. Esta es la ley de Dios y Dios no actuaría contra su naturaleza santa.

6. Pregúntele a su amigo musulmán: "Si éste es el caso, ¿cómo podemos ser salvos e ir al cielo? ¿Cómo podemos enfrentar los requerimientos de Dios para la salvación?" Basado en sus respuestas y reacción, entonces puede mostrarle el plan de salvación como se discutió en las sesiones anteriores. También puede compartir con él su testimonio y cómo Jesucristo cambió su vida.

7. Quizás en este punto, la lectura de algunos capítulos del Sermón del Monte revelen al musulmán el alto nivel ético de la vida cristiana. Pregúntele qué piensa sobre el aspecto moral de estos versículos. ¿Es posible para

cualquier persona poner en práctica tales valores por su propio poder? ¿Por qué no?

8. Finalmente, háblele del amor de Cristo, quien es el Verbo de Dios, y de su sacrificio para salvarnos y autorizarnos a vivir una vida santa de acuerdo con el Sermón del Monte. Ore con él si se siente guiado por el Espíritu Santo para hacerlo. De otra manera, concédale algún tiempo para pensar sobre lo que ha compartido con él.

B. Estrategias para ayudar a los ex musulmanes que han recibido a Cristo como su salvador personal

Cuando nos esforzamos para discipular al convertido del Islam, tenemos que recordar algunas realidades importantes:

1. Estamos discipulando a un convertido cuyo conocimiento de la Biblia es limitado. Todavía no está bien familiarizado con la terminología bíblica.

2. Todavía no está preparado para comprender los asuntos teológicos complicados.

3. En muchas formas él aún está atado a su herencia. Su relación con el pasado todavía está presente en las prácticas de su vida diaria.

4. Su vida cultural y social refleja su educación, lo cual a usted puede parecerle extraño o aun inaceptable.

5. En su compañerismo con los cristianos occidentales, está enfrentando una forma de vida diferente, una cultura diferente y una forma de pensar diferente. Esto puede crear un abismo de malentendido por un tiempo.

6. Como convertido, él es despreciado por su familia, amigos, país y gobierno. Necesita el apoyo espiritual, psicológico, social, emocional y aun financiero que su nueva familia, la iglesia, puede proveer.

II. ¿Cómo podemos comenzar a discipular al nuevo convertido?

Es muy importante ayudarle a familiarizarse con los libros del Nuevo Testamento primero, y del Antiguo Testamento después. Ayúdele a memorizarlos. Explíquele la estructura general de la Biblia. Hay una gran diferencia entre la forma en que la Biblia está formada y la forma en que el Corán está coleccionado y formado. Luego le sugiero el siguiente plan:

A. Comience con el *Evangelio de Mateo*. Este Evangelio es muy atrayente, tanto para los convertidos como para los musulmanes, debido al Sermón del Monte y a la genealogía de Jesús. Estúdielo capítulo por capítulo. Asegúrese de que él haya comprendido la terminología desconocida. Ayúdelo a aplicar cada lección a su vida.

B. Después que termine de estudiar el *Evangelio de Mateo* con él, comiencen a estudiar el *Evangelio de Juan*. Explíquele al nuevo convertido el trasfondo histórico, teológico y cultural del Evangelio. Guíele a comprender el/los objetivo(s) de cada capítulo. El punto central de este Evangelio es la deidad de Jesús. Ayúdelo a descubrir esta dimensión en la persona de Cristo.

C. Cuando el convertido termine de explorar el *Evangelio de Juan*, estudie con él el libro de *Los Hechos*. El establecimiento de la iglesia en el primer siglo fue el resultado del testimonio eficaz de la primera generación de cristianos. Su valor y fidelidad les costó la vida a muchos de ellos. Deje que el convertido se dé cuenta de la importancia de testi-

Estudio bíblico continuo

ficar para su propio crecimiento personal y el crecimiento de la iglesia de Cristo.

D. La epístola a los Romanos debe seguir al examen del libro de Los Hechos. Las cuatro palabras principales que el nuevo convertido debe comprender bien son: ley, obras, gracia y fe. Ayúdele a considerar las diferencias entre el concepto de ley y el concepto de gracia. También, ayúdele a ver la relación entre gracia y fe y el papel de las obras como frutos de la fe y no como un medio para la salvación. El estudio de las epístola a los Gálatas, en este caso, sería muy útil.

Al estudiar con su amigo convertido estos libros, sus métodos deben estar en correspondencia con la naturaleza del libro. En los Evangelios de Mateo y Juan y en el libro de Los Hechos tenemos enseñanzas, milagros, personajes y eventos. Mientras que en las epístolas a los Romanos y a los Gálatas encontramos principalmente enseñanzas e instrucciones. Es muy importante en este caso preparar un bosquejo para cada capítulo subrayando los puntos más significativos.

III. Algunas preguntas sugeridas para los capítulos de los tres primeros libros

   A. *¿Quiénes son las personas clave en este capítulo?*
   B. *¿Cómo trató Jesús sus situaciones?*
   C. *¿Qué enseña el capítulo sobre Cristo?*
   D. *¿Cuál fue la reacción de la multitud y de los líderes religiosos que fueron testigos del evento?*
   E. *¿Qué enseña el capítulo sobre la salvación?*
   F. *¿Con qué intentó Jesús relacionar a las personas?*
   G. *¿Hay algo en este capítulo que se aplique a nuestras vidas hoy?*

Un estudio sobre personas cuyas vidas fueron cambiadas por Jesús

Este estudio presenta al convertido una imagen viva sobre la naturaleza humana. Ellos eran pecadores pero ahora son salvos. Estas personas no sólo conocieron algo sobre Cristo o le tuvieron en alta estima; sino que le recibieron como su Salvador personal. Esta experiencia conlleva una relación personal con Cristo la cual no se experimenta en la fe islámica. El cambio que tuvo lugar en sus vidas no fue un cambio ceremonial, más bien fue un cambio drástico y genuino el cual ningún poder fuera del poder de Cristo puede producir.

Use la siguiente lista de personajes del Nuevo Testamento para estudiar las vidas de personas que se convirtieron en nuevas criaturas mediante una relación con Jesús:

Zaqueo	Lucas 19:1-10
El ladrón agonizante	Lucas 23:39-43
Nicodemo	Juan 3:1-21
La mujer samaritana	Juan 4:1-42
El hombre que nació ciego	Juan 9
El etíope	Hechos 8:26-40
Saulo de Tarso	Hechos 9:1-22
Cornelio	Hechos 10:1-48
Lidia	Hechos 16:11-15; 40
El carcelero	Hechos 16:23-34

Estos personajes y muchos otros reflejan el poder transformador de Cristo. Al examinar la vida de cada personaje convertido pídale que responda las siguientes preguntas:

   a. ¿Cuál era la vida de la persona antes de conocer a Cristo?
   b. ¿Cómo vinieron él o ella a conocer a Cristo y tuvieron una relación personal espiritual con él?

Estudio bíblico continuo 81

c. ¿Cómo fue cambiada su vida?
d. ¿Qué puedo aprender de su experiencia?

Los otros dos libros requieren una estrategia diferente debido a la naturaleza de su tema. Quizás un ejemplo ilustrativo podría servir de modelo para otros bosquejos. Examinemos el capítulo 5 de la epístola a los Romanos:

a. ¿Cómo somos justificados? (vv. 1, 2).
b. ¿Qué es fe?
c. ¿Cuál es la importancia de la tribulación? (vv. 3-5).
d. Definir perseverancia y esperanza.
e. Como cristianos, ¿cómo podemos ser llenos del amor de Dios? (v. 5).
f. ¿Cómo demostró Dios su amor hacia nosotros? (vv. 6-8)
g. ¿Cómo somos salvados y reconciliados con Dios? (vv. 9-10).
h. ¿Cómo entraron al mundo el pecado y la muerte? (vv. 12-14).
i. ¿Cómo enfrentaron la muerte y la justicia de Jesús las consecuencias de la desobediencia de Adán? (vv. 15-19).
j. ¿Cómo podemos vencer la muerte espiritual y recibir la vida eterna? (vv. 20, 21).

Seguir esta estrategia ayuda al convertido a tener una mejor comprensión de las Escrituras. Le hace pensar e inquirir cuando no es capaz de comprender por sí mismo las verdades espirituales.

RESUMEN DE LAS CREENCIAS ISLAMICAS

I. ¿ Sabía usted que el Islam es la religión de más rápido crecimiento en el mundo de hoy?¿Sabía que el 15% de todos los inmigrantes que vienen a los EE.UU. de A. son musulmanes? ¿Y sabía que esos inmigrantes provienen de sesenta países islámicos o países con grandes comunidades de musulmanes? ¿Sabía que más de seis millones de musulmanes residen en los EE.UU. de A.? ¿Sabía que hay mil millones de musulmanes en todo el mundo y sólo un misionero por cada millón de musulmanes? ¿Sabía que los musulmanes tienen visión misionera y pretenden convertir a los EE.UU. de A. y al mundo occidental al Islam? ¿Se da cuenta de que Jesús murió por los musulmanes también, y que ellos necesitan aceptarle como su Salvador personal?
Tengo la convicción de que Dios ha traído a nuestros amigos musulmanes a este país o al occidente por una razón. Como los países islámicos no permiten a los cristianos que alcancen a sus vecinos musulmanes bajo pena de persecución, Dios los ha traído a nuestro patio a oír la Palabra de Dios sin temor a la persecución. Como cristiano, ¿se ve usted mismo llevando la luz del evangelio a la vida de musulmanes a quienes Jesús ama y anhela salvar?
Si el Espíritu Santo habló a su corazón sobre esta misión, pídale que le de la visión, la comprensión, el amor y el celo para alcanzar a nuestros hermanos y hermanas musulmanes.

II. El Islam es la fe de mil millones de musulmanes en todo el mundo. Es una religión monoteísta ya que los musulmanes creen en un Dios que creó el mundo de la nada. Pero el Dios del Islam, quien es llamado Alá, no es en su naturaleza el mismo Dios del cristianismo. La diferencia fundamental entre el Alá del Islam y el Dios del cristianismo es el concepto de la Trinidad. La Trinidad es rechazada por el Islam y considerada como blasfemia. Es difícil, si no imposible, para un musulmán entender cómo los cristianos creen en la Trinidad. Para ellos aceptar el concepto de Trinidad significa creer en tres Dioses. Asociar cualquier dios con Dios es pecado imperdonable en el Islam. Aunque los cristianos son llamados en el Corán, el Pueblo del Libro, están destinados, según ellos, a ir al infierno debido a su creencia en la Trinidad. Dicen que los cristianos son politeístas e infieles. Pero en el contexto en que se habla sobre Jesús, el Corán dice: **"Jesús hijo de María, es el Enviado de Dios, su Verbo, que echó a María un espíritu procedente de El" (Capítulo 4:169).** En este texto coránico ya se mencionan las tres personas de la Trinidad: Alá quien es el Padre en el cristianismo, su Verbo quien es Jesús el Logos, y el Espíritu Santo. Tres personas en Una. A pesar de eso, los musulmanes no están listos para aceptar esta interpretación del texto coránico.

III. El Islam rechaza el concepto de la paternidad de Dios. Dios es el creador. El concepto de relación personal con Dios a través de Jesucristo es extraño para el Islam. Un rápido estudio de los 99 nombres más hermosos de Dios o sus atributos no revela la existencia de tal relación. Dentro del contexto islámico el hombre es llamado el servidor de Dios. El Corán indica que **"Ni el Mesías, ni los ángeles próximos al Señor han tenido a menos el ser servidores de Dios" (Capítulo 4:172).**

Esto es contrario a la enseñanza bíblica. Nuestra fe en Jesucristo y el ser salvados por su sangre nos dan el derecho de ser llamados hijos de Dios en el sentido espiritual. Cuando hablamos sobre la paternidad de Dios un musulmán se inclina a interpretarla como una relación física.

Es muy importante aclarar este punto de vista a nuestro amigo musulmán. Es cierto que Dios es el creador y mucho más. Incluso estamos de acuerdo con nuestros amigos musulmanes en la mayoría de los atributos de Dios mencionados en el Islam. Pero Dios, quien también nos creó a su imagen, nos amó, no por nuestra bondad, sino por su misericordia. Debido a su imagen en nosotros, la cual le pertenece a él solamente, Jesús en la cruz restauró la pureza de esa imagen que distorsionamos con nuestros pecados y nos llevó nuevamente a la correcta relación con Dios. Por eso le llamamos Padre Nuestro. Mucho más importante es el hecho de que Jesús nos enseñó a llamar a Dios nuestro Padre celestial.

IV. Los musulmanes no creen en la deidad de Jesucristo. Jesús es sólo un profeta igual que cualquier otro profeta. Es uno de los cinco profetas principales en el Islam: Noé, Abraham, Moisés, Jesús y Mahoma. Como profeta, es el servidor de Dios. Cuando hablamos de la filiación de Cristo con Dios, los musulmanes la entienden sobre una base psicológica. En el Capítulo 6:101, el cual habla sobre Dios, Jesús y María, el Corán dice: **"Si jamás ha tenido compañera, ¿cómo ha de tener hijos?"** También: **"¡Gloria a su majestad suprema! Dios no ha tenido esposa ni ha tenido hijo" (Capítulo 72:3)**. Además leemos en el Capítulo 4:169: **"¡Loado sea!, ¿Tendría un hijo cuando tiene lo que está en los cielos y en la tierra?"**

A partir de estos textos notamos que es evidente que ni el Corán ni los musulmanes comprenden que cuando llamamos a Jesús Hijo de Dios no estamos hablando aquí sobre una relación física. Jesús es el Hijo de Dios porque nació del Espíritu Santo y es el Verbo de Dios. Nadie más nació del Espíritu Santo.

Es muy interesante saber que uno de los títulos de Jesús en la literatura islámica es **el Espíritu de Dios**, y en algunos casos **el Verbo de Dios**. Estos títulos nunca han sido conferidos en el Islam a ningún otro profeta. Los musulmanes también declaran que Jesús no hizo sus milagros por su propio poder sino por el permiso de Dios.

V. El término "Espíritu Santo" es mencionado en el Corán en varios lugares. Pero el "Espíritu Santo" coránico no es el mismo que el "Espíritu Santo" bíblico. Los musulmanes creen que el Espíritu Santo es el arcángel Gabriel, el portador de la revelación. Gabriel es llamado también "el Espíritu Fiel". Su función principal en el Corán era transmitirle a Mahoma el texto coránico como estaba registrado en arábigo en la Lápida Reservada o la Madre del Libro desde la eternidad. También, en muchos casos, Gabriel llevó a Mahoma algunos mensajes de parte de Dios, ya sea para corregir un veredicto que él emitía o para estimularle en momentos de tensión. Así el concepto de Espíritu Santo en el Islam no es el mismo que en el cristianismo.

Como cristianos, creemos que el Espíritu Santo es una de las Personas de la Trinidad y está activo en la vida de los cristianos como individuos así como en la vida de la iglesia. Es cierto que el Espíritu Santo nos revela la voluntad del Padre. El nos guía, estimula, reprende, fortalece y enseña. Es el Consolador prometido por Jesús. Es una persona, divina y eterna. No es el arcángel Gabriel.

VI. Es interesante que los musulmanes creen en el nacimiento virginal de Jesucristo. Hay muchas similitudes entre la historia bíblica y el relato coránico. Pero también hay muchas diferencias básicas. Estudios comparativos muestran que el relato coránico fue tomado de un libro folclórico llamado **Infancia de Jesús** el cual estuvo en boga en Egipto durante la época de Mahoma. Los eruditos creen que Mahoma escuchó esa historia de María la copta, su concubina egipcia.

Las similitudes entre el texto coránico y el relato egipcio son muy notorias. Aunque el Corán enfatiza el nacimiento virginal de Cristo, eso no hace a Jesús divino en la fe islámica. Ellos afirman que la creación de Adán fue más milagrosa que el nacimiento de Jesús, porque Adán fue creado sin un padre y una madre, mientras que Jesús tuvo una madre al menos. De lo que no se dan cuentan es que Jesús no era divino por su nacimiento virginal, sino porque nació del Espíritu Santo y era el Verbo eterno de Dios. Además, lo que hace auténtica la historia del evangelio es que el nacimiento de Jesús con todos sus detalles es el cumplimiento de las profecías del Antiguo Testamento, mientras que el relato coránico carece de esa documentación.

VII. ¿Sabía usted que los musulmanes están esperando la segunda venida de Cristo? Creen que una de las señales del fin de los tiempos es la segunda venida de Cristo. Aunque el Corán no da ningún detalle sobre los eventos de la segunda venida de Cristo, la Tradición Islámica, considerada por los musulmanes como la segunda autoridad en el Islam, nos proporciona mucha información en cuanto a este evento. Los musulmanes afirman que Jesús regresará en cierto momento para llenar la tierra con bondad y justicia. Apoyado por sus fieles seguidores, los musulmanes, va a matar al anticristo. Proclamará que el Islam es la religión verdadera de Dios y mandará a los cristianos y judíos que abracen la fe islámica.

Los musulmanes también creen que Jesús, cuando tenga cuarenta años de edad se casará y tendrá hijos. En alguna vez durante el tiempo de su vida va a visitar la ciudad de Medina en Arabia Saudita para saludar a su "hermano Mahoma", y más tarde, cuando muera, será sepultado en una tumba al lado de Mahoma. Los musulmanes conducirán su funeral y le ofrecerán sus respetos. Jesús resucitará en el día del juicio al igual que el resto de la humanidad. Es evidente que los musulmanes no creen que Jesús vendrá a juzgar a los muertos y a los vivos. No creen que toda rodilla se doblará ante él y que será coronado Señor de señores. Para ellos Jesús es sólo un profeta.

VIII. Una de las principales diferencias entre el cristianismo y el Islam es el concepto de la naturaleza caída del hombre. Los musulmanes creen que el hombre nace inocente. Trazan ese concepto desde la época de Adán y Eva. El Corán nos relata la historia de la desobediencia de Adán y Eva. Esta es similar al relato bíblico. La diferencia radica en las consecuencias. En más de un lugar el texto coránico indica que Dios expulsó a Adán y Eva del paraíso por su desobediencia. Ellos se arrepintieron y Dios aceptó

su arrepentimiento. Ese es el fin de la historia.
Los musulmanes no creen que un cambio drástico corrompió la naturaleza humana. No entienden cómo el pecado de Adán pudo ser heredado y que, por lo tanto, todos hemos pecado y estamos destituidos de la gloria de Dios. Dicen que el arrepentimiento junto con la misericordia de Dios son suficientes para la salvación. No hay necesidad de un redentor, de un rescate que pague el precio de nuestros pecados. Toda la idea detrás de la actitud de los musulmanes hacia el concepto de la naturaleza caída del hombre es negar la crucifixión de Jesús, y que sin derramamiento de sangre no hay remisión.

IX. El Islam niega terminantemente la crucifixión de Jesucristo. La base de su negación está en un solo versículo en el Corán (Capítulo 4:156).

Aunque este versículo está sujeto a varias interpretaciones, los musulmanes afirman que la crucifixión de Jesús no tuvo lugar y que la historia de la muerte y crucifixión de Cristo es un invento de los primeros cristianos. Los musulmanes creen que cuando Jesús fue rodeado por sus enemigos que intentaban crucificarlo, Dios obró dos milagros: *Primero,* elevó a Jesús al cielo y lo salvó de sus adversarios; y *segundo,* Dios echó la imagen de Jesús en uno de los que le atacaban, probablemente Judas Iscariote, quien fue entonces erróneamente crucificado en lugar de Jesús. Por lo tanto, quien fue crucificado no fue Jesús sino una réplica falsificada de Jesús.

Realmente hay varias historias diferentes sobre la identidad de la réplica falsificada de Jesús. Además, hay eruditos musulmanes que creen que Jesús murió de una muerte natural pero no fue crucificado. Trataron de lograr una reconciliación entre el versículo antes mencionado y otros versículos los cuales indican que Jesús sí murió. Desafortunadamente los musulmanes no recurren al origen genuino de la crucifixión y no ven la necesidad de un Redentor.

Resumen de las creencias islámicas 89

X. El concepto de inspiración en el Islam difiere drásticamente del concepto cristiano. *En primer lugar* los musulmanes creen firmemente que el arcángel Gabriel reveló el Corán palabra por palabra en lengua arábiga. Hay diez versículos que enfatizan que el Corán es revelado específicamente en un arábigo elocuente para las personas de la Meca y sus alrededores. Además, creen que el Corán existió desde la eternidad en lo que ellos llamaron **la Lápida Preservada o la Madre del Libro**. Tal declaración implica que solamente la versión arábiga es llamada el Corán. Cualquier otra versión en cualquier otra lengua no es el Corán. Es la interpretación del Corán, o el significado del Corán, o la traducción del Corán. *En segundo lugar*, creen que el texto y el estilo coránico no son de Mahoma sino de Dios. *En tercer lugar*, creen que Mahoma sólo estaba relatando lo que le fue revelado palabra por palabra. *En cuarto lugar*, creen que todas las otras escrituras están corrompidas y solamente el Corán es la verdadera palabra de Dios. Los musulmanes están dispuestos a aceptar cualquier cosa de la Biblia mientras que no contradiga el Corán.

XI. El Islam es legalista en su naturaleza. Para obtener el favor y el perdón de Dios los musulmanes tienen que realizar ciertos deberes y rituales. Los Cincos Pilares y las buenas obras son esenciales en el Islam. Estos no son los frutos de la fe; son el medio o la vía para la salvación.

Esto es contrario al cristianismo; el cual enfatiza que nuestra salvación no es el resultado de nuestro esfuerzo, sino que la podemos alcanzar mediante la sangre derramada de Jesucristo. Nuestra salvación es un regalo de Dios, un acto de amor. El arrepentimiento por sí solo no nos proporciona la salvación. A un criminal arrepentido no se le otorga la libertad o se le quita el castigo. Tiene que sufrir por el crimen que cometió. Esta es la ley. La paga del pecado es muerte. Muerte espiritual. Este es el castigo de Dios impuesto al hombre pecador. Por esto Jesús vino a la tierra. Vino a redimirnos y a llevar sobre él el castigo de nuestros pecados. No hay legalismo en el cristianismo sino fe. Las buenas obras son el resultado natural de nuestra fe. No podemos ser cristianos sin dar buenos frutos. Debido a nuestra nueva naturaleza como cristianos, tenemos que producir buenas obras. No son el medio sino el resultado.

GLOSARIO

Ablución: Lavado ceremonial de las manos, los pies, el rostro y la cabeza antes de los cinco tiempos diarios de oración y la oración congregacional el viernes.

Abrogación: Sustitución de un versículo coránico por un nuevo versículo.

Al-Fatiha: Primer capítulo del Corán.

Alá: El nombre árabe para Dios.

Apostasía: Acto de conversión del Islam a cualquier otra religión.

Apóstata: Persona que se convierte del Islam a cualquier otra religión.

Atributos de Dios: También se les llama los noventa y nueve nombres más hermosos de Dios; entre ellos: el Creador, el Poderoso, el Proveedor, etc.

Califa: Título oficial de el (los) sucesor (es) de Mahoma, quienes asumieron jerarquías políticas y sociales.

Cinco Pilares del Islam: Son cinco deberes islámicos preordenados que cada musulmán verdadero tiene que cumplir para obtener el favor de Dios. Estos son: la confesión de fe, los cincos tiempos de oración diarios y la oración congregacional del viernes, el ayuno durante el mes de Ramadán, la peregrinación a la Meca y las limosnas.

Compañeros: Miembros del círculo más íntimo de los seguidores de Mahoma.

Confesión de fe: Testimonio que un musulmán pronuncia cuando dice "no hay más Dios que Alá y Mahoma es su profeta".

Corán: Libro sagrado de la fe islámica el cual los musulmanes creen que fue revelado a Mahoma por el arcángel Gabriel. Está compuesto por 114 capítulos.

Chí'a: Seguidores de Alí Bin Abu Talib, yerno de Mahoma. También son llamados Chiítas (los seguidores).

Chiísmo: Movimiento islámico que se separó de la secta Sunni por razones políticas. Creen que el Califa debe ser de la línea de Alí, yerno de Mahoma.

Espíritu Santo: El arcángel Gabriel en el Islam.

Fiesta de Al-Adha: El nombre significa "fiesta del sacrificio". Se realiza en conmemoración del sacrificio del hijo de Abraham.

Fiesta de Al-Fitr: Fiesta con la cual los musulmanes concluyen su ayuno durante el mes de Ramadán.

Iman: Persona que guía a los musulmanes en su oración congregacional.

Isa: Nombre islámico para Jesús.

Islam: Religión de la fe cuyo profeta es Mahoma.

Jihad: a) Luchar por la causa de Dios; b) Luchar contra los deseos mundanales.

Ka'bah: El santuario islámico más sagrado en el Islam situado en la Meca.

Glosario

Mahoma: El profeta de la fe islámica, nació en el año 570 d. de J.C. y murió en el 632 ó 633.

Mezquita: El lugar de reunión de los creyentes musulmanes.

Musulmanes: Seguidores de la fe islámica.

Noche del Poder: Noche en la cual los musulmanes creen que el Corán fue revelado a Mahoma.

Noche de la Ascensión: Noche de la ascensión de Mahoma a los siete cielos.

Piedra Negra: Una piedra negra (meteorito) instalada en la Ka'bah de la Meca la cual los musulmanes creen que descendió del cielo.

Politeísmo: Creencia en varios dioses.

Shari'a: Nombre árabe para la ley islámica. Las fuentes de la ley islámica son: el Corán, la Tradición Islámica, el consenso de los eruditos musulmanes y la analogía.

Sura: Significa capítulo. Este término se relaciona con los 114 capítulos coránicos; cada capítulo es llamado un sura.

Sunnis: La secta islámica más numerosa. Forman la línea central del Islam. Se consideran a sí mismos como los verdaderos seguidores de la fe.

Tradición Islámica (Hadith): Los dichos y hechos de Mahoma y algunos de sus compañeros.